中学 まとめ上手 古文単語

yangotonashi

awarenari

fumi

okashi

JN092815

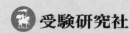

受験研究社

特長と使い方

part 1 〜 part 2　左ページに単語の品詞・意味・語呂合わせを、右ページに例文・訳・参考事項を載せています。

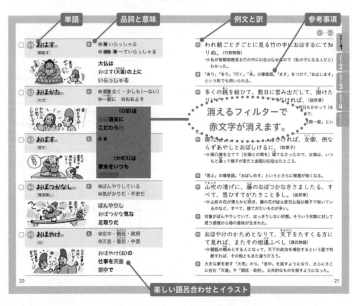

part1 〜 part2 には、間にまとめテストがあります。

解答は問題の右側にあり、消えるフィルターで隠せます。

part3

part1 〜 part2 で出た語を中心に、ジャンル別でまとめています。

part4

古文の読解に役立つ基礎知識をまとめています。

もくじ

出典

伊勢物語 宇治拾遺物語 宇津保物語 大鏡 おくのほそ道 蜻蛉日記
源氏物語 源氏物語玉の小櫛 古今和歌集 更級日記 新古今和歌集
竹取物語 玉勝間 堤中納言物語 徒然草 土佐日記 方丈記 枕草子
増鏡 万葉集 紫式部日記

マークの種類

(品 詞) 動 動 詞 形 形容詞 形動 形容動詞 名 名 詞 副 副 詞

連体 連体詞 感動 感動詞 接続 接続詞 連語 連語

(その他の分類) 打消 打ち消し語を伴う場合 四 四段活用 下二 下二段活用

自 自動詞 他 他動詞 補動 補助動詞

尊 尊敬語 謙 謙譲語 丁 丁寧語

(解 説) 例 例 文 参 参 考

3

1 あいなし　形

❶気にくわない　❷つまらない　❸(副詞的に)むやみに

あいなし(愛なし)と
気にくわぬこと
言わないで

2 あからさまなり　形動

❶ほんのちょっと
❷急だ

「あ」から「さ」まで
五十音では
ちょっとだけ

3 あさまし　形

❶驚きあきれる
❷情けない・嘆かわしい

あさまし(朝飯)を
驚きあきれる
十杯も

4 あし　形
[悪し]

❶悪い・不快だ・醜い

あしき(悪しき)癖
悪い、不快だ
改めよ

5 あそび　名
[遊び]

❶詩歌・管弦などの遊び，管弦を演奏すること

あそびましょ
楽器を弾いて
歌つくり

4

① ～ ⑤

part 1
part 2
part 3
part 4
さくいん

例 世に語り伝ふること、まことはあいなきにや、多くはみなそらごとなり。（徒然草）

→ 世間で語り伝えることは、真実の事では**つまらない**のであろうか、多くはみな嘘である。

参 「不満足だ」「不本意だ」など、違和感があり、心にしっくりこない感じ。他に「筋が通らない」という意味もある。③は連用形でのみ使われる。

例 ちごの、あからさまに抱きて遊ばしうつくしむほどに、かいつきて寝たる、いとらうたし。（枕草子）

→ 幼児が、**ほんのちょっと**抱いて遊ばせてかわいがるうちに、しがみついて寝てしまったのは、たいそうかわいい。

参 物事が一時的に、また短い時間行われるさま。

例 「かかる人も世にいでておはするものなりけり」と、あさましきまで目をおどろかしたまふ。（源氏物語）

→ 「こんな美しい方もこの世にお生まれなさることもあるのだなあ」と、**驚きあきれる**ほどに目を見張っていらっしゃる。

参 事柄が意外で、驚きあきれるさま。よい意味にも悪い意味にも用いる。「いやしい」の意味は江戸時代以降使われるようになった。

例 このもとの女、あしと思へるけしきもなくて、いだしやりければ、（伊勢物語）

→ この前からの妻は、**不快だ**と思っている様子もなく、（男を新しい女のもとへ）送り出すので、

参 「悪し」の反対は「良し」。

例 かうやうの折は、御あそびなどせさせ給ひしに、心ことなる物の音をかき鳴らし（源氏物語）

→ （月の美しい）このような時には、（帝は）**管弦の演奏**などをなされたが、（更衣は）格別趣深い琴の音を弾き鳴らして

参 動詞「あそぶ」は、詩歌・管弦・歌舞などをして遊ぶこと。

6 あだなり
[徒なり]

形動 ❶はかない・むなしい だ・あてにならない ❷無駄だ ❸浮気だ

あだなりの
あだ(徒)ははかなく
無駄なこと

7 あたらし
[惜し]

形 ❶もったいない・惜しい

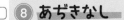あたらしは
おニュー(新しい)ではなく
もったいない

8 あぢきなし

形 ❶つまらない ❷どうしようもない ❸苦々しい

あぢき(味気)なし
そんな食事は
つまらない

9 あてなり
[貴なり]

形動 ❶高貴だ・身分が高い ❷上品だ・優美だ

あて(酒の肴)なりと
出す上品な
酒のあて

10 あながちなり
[強ちなり]

形動 ❶強引だ ❷一途だ

強引に
マイク奪った
アナが勝ち(あながち)

6

⑥〜⑩

part1
part2
part3
part4
さくいん

例 わが身とすみかとの、はかなくあだなるさま、またかくのごとし。（方丈記）

→我が身と住居との、はかなく**むなしい**ことは、やはりこの通りである。

参 「徒」という漢字は、「徒労」（無駄な骨折り）というように、実がない、役に立たないという意味を表す。

例 際ことに賢くて、ただ人にはいとあたらしけれど、

（源氏物語）

→（光源氏は）際立って聡明で、臣下にしておくには全く**惜しい**ことだが、

参 「新しい」の意は、漢字表記が異なり、「新し」と書く。これは「新たに生まれ変わる」と使われるように、もとは「あらたし」であった。

例 筆にまかせつつあぢきなきすさびにて、かつ破り捨つべき物なれば、人の見るべきにもあらず。

（徒然草）

→筆にまかせて書いた**つまらない**慰みごとであって、書くそばから破り捨てるべきものだから、人が見るようなものでもない。

参 思い通りにいかずに不満が残るが、どうしようもないという気持ち。

例 昔、女はらから二人ありけり。一人は賤しき男の貧しき、一人はあてなる男持たりけり。

（伊勢物語）

→昔、姉妹が二人いた。一人は身分の低い男で貧しい人を、一人は**身分が高い**男を（夫に）持っていた。

参 気品があって美しいという意味の「貴」から、その意味を判断しよう。

例 父大臣のあながちにし侍りしことなれば、いなびさせ給はずなりにしにこそ侍れ。（大鏡）

→父である大臣が**強引**にし申したことなので、（天皇も）拒否おできにならずになってしまわれたのでございます。

参 他の迷惑もかえりみず、自分の意志や欲望のままにすること。

7

⃞ ⑪ あはれなり 　形動 　❶しみじみとした趣がある

あはれなり（あわれなり）
趣があり
しみじみと

⃞ ⑫ あやし 　形 　❶身分が低い　❷粗末だ
[❶・❷賤し／❸怪し・奇し] 　❸不思議だ・奇妙だ

子をあやし
粗末な芸で
笑わせる

⃞ ⑬ あらまほし 　形 　❶理想的だ・望ましい

あらま、ほし（星）
窓から眺め
理想的

⃞ ⑭ ありがたし 　形 　❶めったにない・珍しい
[有り難し]

ありがたし
珍しいもの
届けられ

⃞ ⑮ ありつる 　連体 　❶さっきの・例の
[在りつる・有りつる]

さっきのあり（蟻）
つるっところんで
えさこぼし

⑪ 〜 ⑮

part 1
part 2
part 3
part 4
さくいん

例 からすの寝(ね)どころへ行くとて、三つ四つ、二つ三つなど、飛び急ぐさへあはれなり。(枕草子)

→ からすがねぐらへ行こうとして、三羽四羽、二羽三羽など、飛び急ぐ様子さえ**しみじみとした趣がある**。

参 心の底からのしみじみとした感動の気持ちで、喜びや悲しみなどすべての感情について用いられる。

例 市中ひそかに引き入りて、あやしの小家に、夕顔、へちまのはえかかりて、(おくのほそ道)

→ 町中からひっそりと奥(おく)に入ったところで、**粗末な**小家に、夕顔や、へちまが生えかかっており、

参 平安時代の貴族から見て、庶民(しょみん)の生活は不審(ふしん)に思われたので、❸から❶・❷の意味が生じた。

例 家居のつきづきしく、あらまほしきこそ、仮の宿りとは思へど、興あるものなれ。(徒然草)

→ 住居がよく調和がとれていて、**理想的な**のは、一時の宿だと思っても、興味深いことだ。

参 動詞「あり」に「〜てほしい」という意味の助動詞「まほし」がついた形が基本で、「そうあってほしい」の意。

例 ありがたきもの。舅(しうと)にほめらるる婿(むこ)。姑(しうとめ)に思はるる嫁(よめ)の君。(枕草子)

→ **めったにない**もの。それは舅からほめられる婿。姑からよく思われる嫁。

参 「有り」(あること)が、「難し」(難しい)ということで、めったにないという意味になる。「感謝したい」の意味は江戸時代以降に使われた。

例 御前(ごぜん)に参りて、ありつるやう啓(けい)すれば、(枕草子)

→ (中宮様の)御前に参上して、**さきほどの**経緯(けいい)を申し上げたところ、

参 「ありし」や「ありける」も同じような意味だが、「ありつる」は、比較(ひかく)的近い過去の出来事をさす。

9

16 あるじ
【❶主・主人／❷饗】

名

❶主人
❷客をもてなすこと

あるじなる
主人が客を
もてなして

17 いかが
［如何］

副

❶（疑問）どう〜か　❷（反語）
どうして〜か、いや〜ない。

（店員が）これいかが
どうしようかと
迷う姉

18 いかで
［如何で］

副

❶なんとかして
❷（疑問・反語）どうして〜か

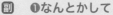

たこ焼きを
いか（イカ）でなんとか
してみるよ

19 いたづらなり
［徒らなり］

形動

❶無駄である
❷むなしい

いたづら（いたずら）を
母に弁解
してもむだ

20 いつしか
［何時しか］

副

❶（待ち望む気持ちで）早く
❷いつの間にか

早く早く
いつしか時は
過ぎ去りて

例 夜ふくるまで酒飲み、物語して、**あるじ**の親王、酔ひて入り給ひなむとす。（伊勢物語）

→ 夜がふけるまで酒を飲み、話をして、**主人**である親王が、酔って寝室にお入りになろうとする。

参 動詞は「饗す」で、客をもてなす・ごちそうする。

例 いかがしけむ。はやき風吹きて、世界暗がりて、船を吹きもてありく。（竹取物語）

→ **どうしたのだろうか**。疾風が吹いて、あたり一面暗くなり、船をあちらこちらに吹きまわす。

参 「いかが（は）せむ」は、「どうしようか」といった困惑の気持ちを表す。

例 男も女も、**いかでとく**京へ**もがな**、と思ふ心あれば、（土佐日記）

→ 男も女も、**なんとかして**早く京へ帰りたいものだ、と思う心があるので、

参 「なんとかして」の意味の場合は、助動詞「む」「じ」や、願望を表す助詞「ばや」「もがな」などがつく。

例 大方めぐらざりければ、とかく直しけれども、つひにまはらで、**いたづらに**立てりけり。（徒然草）

→ （水車が）全く回らなかったので、あれこれと修理をしたけれども、とうとう回らないで、**無駄に**立っていた。

参 何の役にも立たず、無駄でむなしい状態。

例 **いつしかと**心もとながらせ給ひて、急ぎまゐらせて御覧ずるに、めづらかなる児の御かたちなり。（源氏物語）

→ （帝は）**早く**（見たい）とじれったくお思いになられて、急いで（宮中に）参上させてご覧になると、たぐいまれな若宮のお顔立ちである。

参 ❶は、下に願望を表す語を伴って、「早く早く」という気持ち。

11

㉑ **いと** [甚]	副	❶たいそう・非常に ❷打消 たいして・それほど（〜ない）

**束ねると
いと（糸）はたいそう
強くなる**

㉒ **いとほし**	形	❶気の毒だ・かわいそうだ ❷いじらしい・かわいい

**いとほし（糸欲し）と
言う気の毒な
織り職人**

㉓ **いまめかし** [今めかし]	形	❶現代風だ・当世風だ・華やかだ

**いまめかし
現代風に
オシャレして**

㉔ **いみじ**	形	❶甚だしい ❷たいそう優れている ❸とても酷い

**いみじとは
よくも悪くも
甚だし**

㉕ **うし** [憂し]	形	❶つらい・憂うつだ ❷気が進まない・嫌だ

**うし（牛）病んで
つらいつらいと
乳を出す**

㉑〜㉕

part 1
part 2
part 3
part 4
さくいん

例 秋は夕暮れ。夕日のさして山の端いと近うなりたるに、（枕草子）

→秋は夕暮れ（がよい）。夕日がさして山の端に**たいそう**近くなっているころに、

参 **②**は下に打ち消しの語を伴う。

例 来年の国々、手を折りてうち数へなどして、ゆるぎありきたるも、**いとほしうすさまじげなり。**

（枕草子）

→来年（国司の交替のある）国々を、指を折って数えるなどして、体をゆすって歩き回るのも、**気の毒で興ざめである。**

参 弱い者、気の毒な者に対し、痛ましく思う気持ち。

例 今めかしく、きららかならねど、木立もの**古**りて、わざとならぬ庭の草も心あるさまに、（徒然草）

→**現代風**で、きらびやかではないけれど、木立は年代が感じられて、手を加えていない庭の草も趣深い様子で、

参 「古めかし」の反対が「今めかし」。

例 青き**瓶**の大きなるを**据**ゑて、桜の**いみじう**おもしろき枝の五尺ばかりなるをいと多く挿したれば、（枕草子）

→青い大きな瓶を置いて、桜の**たいそう**趣深い枝の五尺ほどのものをたいそうたくさん挿しているので、

参 善悪ともに程度の甚だしいことを表す語。文脈によって、「とてもよい」や「とても悪い」などとなる。

例 今までとまり**侍**るがいとうきを、（源氏物語）

→（死んでもよい身なのに）今まで生きながらえておりますのさえたいそう**つらい**のに、

参 物事が思うままにならず、心が晴れない様子。

13

㉖	**うしろめたし** 【後ろめたし】	形	❶心配だ・気がかりだ

子犬捨て
うしろめたくて
気がかりだ

㉗	**うたて**	副	❶嫌で・情けなく ❷ますます酷く

うたて(歌って)と
言うな音痴にゃ
情けなく

㉘	**うつくし** 【❶愛し／❷美し】	形	❶かわいい・いとしい ❷きれいだ・立派だ

うつくしいより
かわいいと
言われたい

㉙	**うつつ** 【現】	名	❶現実 ❷正気

現実は
夢の反対
うつつなり

㉚	**うつろふ** 【移ろふ】	動	❶(位置・時・色などが) 変化する

美も色も
時がうつろふ(移ろう)
変化する

㉖ いとはかなうものし給ふこそ、あはれにうしろめたけれ。（源氏物語）

→ 大変たわいなくいらっしゃることが、ふびんで**気がかりな**ことである。

参 これから先のことが非常に気にかかるさま。反対は、「うしろやすし」で、これから先が安心なさま。

㉗ かばかりの中に何かはと、人の心はなほうたて覚ゆれ。（徒然草）

→ （人の死に直面した）これほどの中でどうして（そんなことを言うのか）と、人の心というものはやはり**情けなく**思える。

参 ことが悪い方に傾いていき、不快に思う気持ち。

㉘ それを見れば、三寸ばかりなる人、いとうつくしうてゐたり。（竹取物語）

→ その（筒の中）を見ると、三寸くらいの人が、たいそう**かわいらしく**座っていた。

参 幼い者、小さい者をかわいくいとしいと思う気持ち。

㉙ 駿河なる宇津の山べのうつつにも夢にも人にあはぬなりけり（新古今和歌集）

→ 駿河（静岡県）の宇津の山のあたりに来ました。その名にあるうつつ（現実）にも夢にも恋しいあなたに会えないことであるよ。

参 夢に対して目の覚めている状態、「現実」をいう。

㉚ 山里などにうつろひて、便あしく狭き所にあまたあひゐて後のわざども営み合へる、心あわたたし。（徒然草）

→ 山里などに**移動して**、不便で狭いところに多くの人と一緒になって法要などを営み合うのは、気ぜわしい。

参 変化するものによって、「移動する」、「色づく」、「色があせる」、「盛りの時が過ぎる」などと訳す。

31 うるはし
[麗し・美し・愛し]

形

❶端正で美しい
❷美しく立派だ

彼のうる(売る)
はし(箸)は美しく
端正だ

32 え～(打消語)

副

❶打消 ～することができない

え(絵)の下に
ず(図)をつけるのは
できないよ

33 えんなり
[艶なり]

形動

❶優美だ
❷なまめかしく美しい

酒のえん(宴)
優美な美女の
舞い踊り

34 おこす
[遣す]

動

❶こちらによこす・送ってくる

子をおこす(起こす)
母のかわりに
人よこす

35 おこたる
[怠る]

動

❶病気がよくなる・治る
❷油断する・なまける

運動で
病気が治る
おこたるな

例 この泊の浜には、くさぐさのうるはしき貝、石など多かり。（土佐日記）

→ この港の浜辺には、様々な**美しく立派な**貝や、石などがたくさんある。

参 崩れたところがなく端正で、整った状態を賞賛する気持ち。

例 言はまほしきこともえ言はず、せまほしきこともえせずなどあるが、わびしうもあるかな（更級日記）

→ 言いたいことも言う**ことができず**、したいこともする**ことができない**でいるのが、切ないことであるよ

参 下に打ち消しの語（「ず」「じ」「まじ」「で」など）を伴って、〜することができないと不可能を表す。

例 梢も庭も、めづらしく青みわたりたる卯月ばかりのあけぼの、えんにをかしかりしを思し出でて、
（徒然草）

→ 梢も庭も、清新に一面青みがかっている四月ごろの明け方のさまは、**優美で**興味深かったのが思い出されて、

参 はなやかな美しさがあり、相手をひきつけるような魅力あふれる感じ。

例 わざとめでたき草子ども、硯の箱の蓋に入れておこせたり。（更級日記）

→ 特に素晴らしい書物のいくつかを、硯の箱の蓋に入れて**よこして**くれた。

参 「遣す」の反対は「遣る」で、どちらも「派遣」の「遣」を書く。

例 おぼつかなきことを嘆くに、おこたりたる由、消息聞くも、いとうれし。（枕草子）

→ （大事な人が病気なので）気がかりなことを嘆いている時に、**病気が治った**という知らせを聞くのも、とてもうれしい。

参 「怠る」と書くことを覚え、❷の意味を理解する。進行していた病気が「怠る」と「治る」と覚える。

36 おこなふ
〔行ふ〕
動
❶仏道修行をする・勤行する

これまでの
おこなひ(行い)改め
仏道修行

37 おとなし
〔大人し〕
形
❶思慮分別がある　❷大人びて落ち着いている

姉さんは
おとなし　落ち着き
思慮に富む

38 おどろおどろし
形
❶おおげさだ・仰々しい
❷不気味だ・恐ろしい

おおげさな
身振りで　おどろ(踊ろ)
おどろ(踊ろ)うよ

39 おどろく
〔驚く〕
動
❶目を覚ます
❷はっと気がつく

物音に
ハッとおどろく
目を覚ます

40 おのづから
〔自ら〕
副
❶たまたま・偶然
❷自然に

おのづから(おのずから)
道開くなど
たまたまだ

18

③⑥〜④⓪

part 1
part 2
part 3
part 4
さくいん

例 惟光朝臣とのぞきたまへば、ただこの西面にしも、持仏すゑ奉りておこなふ尼なりけり。(源氏物語)
→ 惟光朝臣といっしょにお覗きになると、すぐそこの西向きの座敷に、持仏をお据え申し上げて**勤行する**のは尼であった。

参 名詞は「おこなひ」で、「仏道の修行」の意味がある。

例 上人、なほゆかしがりて、おとなしく、物知りぬべき顔したる神官を呼びて、(徒然草)
→ 上人は、(この狛犬について)もっと知りたくなって、年配で思慮分別があり、いかにも物を心得ていそうな顔をした神主を呼んで、

参 「大人」に「し」がついて、形容詞になったもので、大人の感じをもっているさま。

例 目に見えぬ鬼の顔などの、おどろおどろしく作りたるものは、(源氏物語)
→ 目には見えない鬼の顔(の絵)などで、**おおげさに**描いているものは、

参 「驚く」の語源を二つ重ねて強調したもの。おおげさで、気味が悪く、恐ろしい感じ。

例 物におそはるる心地して、おどろき給へれば、灯も消えにけり。(源氏物語)
→ (源氏は)何か物の怪のようなものに襲われたような気がして、**目を覚まされる**と、火も消えてしまった。

参 もともとは大きな音などにはっとするさまを表し、そこから「目を覚ます」という意味がでてきた。

例 おのづから、事のたよりに都を聞けば、(方丈記)
→ **たまたま**、ことのついでに京(の様子)を聞いたところ、

参 本来は自然の成り行きのままに事が進むこと。その際、思いもよらないことが起こるのが❶の意味である。

19

41 おはす
[御座す]

動

❶ 尊 いらっしゃる
❷ 補動 尊 ～ていらっしゃる

大仏は
おはす(大蓮)の上に
いらっしゃる

42 おほかた
[大方]

副

❶ 打消 全く・少しも（～ない）
❷ 一般に　❸ おおよそ

おほかた(O型)は
全く過去に
こだわらず

43 おぼす
[思す]

動

❶ 尊 お思いになる

おぼす(大ボス)は
家来をいつも
思われる

44 おぼつかなし
[覚束無し]

形

❶ ぼんやりしている
❷ 気がかりだ・不安だ

ぼんやりし
おぼつかな気な
足取りだ

45 おほやけ
[公]

名

❶ 宮中・朝廷・政府
❷ 天皇・皇后・中宮

おほやけ(公)の
仕事を天皇
宮中で

例 われ朝ごと夕ごとに見る竹の中におはするにて知りぬ。（竹取物語）

→ 私が毎朝毎晩見る竹の中に**いらっしゃるので**（私の子になる人だと）わかった。

参 「あり」「をり」「行く」「来」の尊敬語。「ます」をつけて、「おはします」という形でも用いられる。

例 多くの銭を給ひて、数日に営み出だして、掛けたりけるに、**おほかためぐらざりけれ**ば、（徒然草）

→ （大井川の住民に）銭をたくさんお与えになって、何日もかかって（水車を）造りあげ、取り付けたが、**全く回らなかった**ので、

参 下に打ち消しの語があれば、❶の意味で訳すとよい。「世間一般」という意味で、名詞で使われることもある。

例 御几帳を引きへだてさせ給ひければ、女御、例ならずあやしと**おぼしける**に、（枕草子）

→ 御几帳を立てて（女御との間を）隔てなさったので、女御は、いつもと違って様子が変だと**お思いになった**ところ、

参 「思ふ」の尊敬語。「おぼしめす」というとさらに敬意が強くなる。

例 山吹の清げに、藤のおぼつかなきさましたる、すべて、思ひすてがたきこと多し。（徒然草）

→ 山吹の花が清らかに咲き、藤の花が**はっきりしない**様子で咲いているのなど、すべて、捨てがたいものが多い。

参 対象がぼんやりしていて、はっきりしない状態。そういう状態に対して思う感情から❷の意味が生まれた。

例 **おほやけ**のかためとなりて、天下をたすくる方にて見れば、またその相違ふべし（源氏物語）

→ **朝廷**の頼みとする人となって、天下の政治を補佐するという面で判断すれば、その相ともまた違うだろう。

参 大きな家を表す「大宅」から、「宮中」を指すようになり、さらにそこに住む「天皇」や「朝廷・政府」、公共的なものを指すようになった。

おぼゆ 動 ❶思われる・感じられる
[覚ゆ] ❷思い出される

おぼゆ(重湯)煮る

母の姿が
思われる

47 **おぼろけなり** 形動 ❶普通だ ❷打消 並大抵でない・格別である
[覚ゆ]

おぼろけで
ありきたりでは
思い出さず

48 **おもしろし** 形 ❶趣深い・風流だ
[面白し] ❷興味深い・愉快だ

おもしろし
趣深い
秋の雲

49 **おろかなり** 形動 ❶おろそかだ・いいかげんだ
[疎かなり] ❷言うまでもない

おろかなり
愛おろそかに
する人は

50 **かしこし** 形 ❶恐れ多い・恐ろしい
[❶畏し／❷賢し] ❷優れている・利口である

かしこくて
恐れ多いは
山の神

46〜50

part 1
part 2
part 3
part 4
さくいん

例 まはりをきびしく囲ひたりしこそ、すこしことさめて、この木なからましかば、と覚えしか。（徒然草）
→ 周りを厳重に囲っていたのには、少し興ざめをして、もしこの木がなかったならば（よいだろうに）と、**思われ**たことでした。

参 意識することなく、自然に心の中に浮かんできたり、思い出されたりする感じ。

例 「梨花一枝、春、雨を帯びたり」などいひたるは、おぼろけならじと思ふに、（枕草子）
→ （白氏文集で）「梨花一枝、春、雨を帯びたり」などといっているのは、**並大抵ではあるまい**と思うにつけ、

参 「おぼろけの願」、「おぼろけの心」というように、形容動詞の語幹で用いられることがある。「おぼろげなり」と濁音でいうこともある。

例 雪のおもしろう降りたりし朝、人のがり言ふべき事ありて、（徒然草）
→ 雪が**趣深く**降り積もっていた朝、ある人のところに言わねばならない用事があって、

参 見る人の心を楽しませる雪、雲、花などの自然の景物や音楽に興じ、気持ちが晴れやかになる時に用いる。

例 わづかに二つの矢、師の前にて、一つを**おろかに**せんと思はんや。（徒然草）
→ （弟子は）たった二本の矢（しかなく、しかも）、師の前で、その一本を**おろそかに**しようと思うだろうか。（いや、思いはしない。）

参 現代語の「おろそか」に近い意味で、おおざっぱで、いいかげんなさま。

例 かしこき仰せ言をたびたび承りながら、（源氏物語）
→ （帝からの）**恐れ多い**お言葉をたびたびお受けしながら、

参 ❶の意味は、「畏し」と書き、自分の力の及ばない人や自然界に対して恐れ、敬う気持ち。

23

51 かしづく
[傅く]
動
❶大切に育てる
❷大切に面倒を見る

かしづく(菓子づく)し
大切に育て
孫かわい

52 かたくななり
[頑ななり]
形動
❶教養がない・ものの道理や情趣がわからない ❷頑固だ

かたくなで
教養がない
頑固者

53 かたはらいたし
[傍ら痛し]
形
❶みっともない・苦々しい
❷(見ていて)気の毒だ

かたはらいたし
態度、度が過ぎ
みっともない

54 かづく
[被く]
動
❶四 頂く・かぶる
❷下二 与える・かぶせる

かづく(数食)うな
皆に与えて
頂くの

55 かなし
[愛し]
形
❶いとしい・かわいい
❷心ひかれる

かなしいよ
今もいとしい
君のこと

24

例 按察使の大納言の御むすめ、心にくくなべてなら
ぬさまに、親たちかしづき給ふことかぎりなし。

(堤中納言物語)

→ 按察使の大納言の姫君は、奥ゆかしく並々でない様子であるため、
親たちが**大切に育て**なさることこの上ない。

参 親が子を、あるいは年長者が年少者をかわいがり、大切に育てる意味。

例 道々の者の上手のいみじき事など、かたくななる
人のその道知らぬは、(徒然草)

→ (学問や芸道など)その道の達人の素晴らしい事などを、**教養がな
い**人でその道のことを知らない者は、

参 判断が行き届かずかたよっていることをいう。他に「見苦しい」の意味
もある。

例 寝入りていびきなどかたはらいたくするもあり。

(源氏物語)

→ すっかり寝入っていびきなどを**みっともなく**する者もいる。

参 そばから見ていて、また見られて、みっともないさま。中世以降、「片
腹痛し」の字をあてた時は「笑止だ」という意味になった。

例 御使に、なべてならぬ玉裳などかづけたり。

(源氏物語)

→ (入道は源氏の)お使いの人に、並々でない美しい裳などを(祝儀
として)**与え**た。

参 「被く」は、頭の上にのせる意。ほうびの衣服をいただくと肩にのせる
習慣があり、「頂く」の意となった。

例 誠に、かなしからん親のため、妻子のためには、
恥をも忘れ、盗みもしつべき事なり。(徒然草)

→ いかにも、**いとしい**と思う親のため、妻子のためには、自分の恥を
も忘れ、(極端な時には)盗みもしかねないことである。

参 「愛し」と書き、人間に対しては「いとしい」となり、事物に対しては「心
ひかれる」となる。

56 きこゆ
[聞こゆ]

動
❶他 謙 申し上げる ❷自 聞こえる ❸補動 謙 ～申し上げる

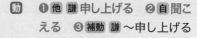

「きこゆ」とは
申し上げたり
聞こえたり

57 ぐす
[具す]

動
❶自 共に行く・備わる
❷他 連れて行く・備える

ぐすぐすと
泣く子を医者に
連れて行く

58 くちをし
[口惜し]

形
❶残念だ ❷つまらない・物足りない・情けない

決勝で
負けてくちをし(口惜しい)
残念だ

59 けしき
[気色]

名
❶(人や自然の)様子・状態・気配 ❷兆候

けしき見て
人や自然の
様子知り

60 げに
[実に]

副
❶なるほど・確かに・本当に

うれしげに
なるほど夢が
かなえられ

26

例 よろづのことを泣く泣く契りのたまはすれど、御
いらへもえ聞こえ給はず、（源氏物語）
→ いろいろなことを泣きながらお約束なさるけれども、（更衣は帝に対
して）お返事を申し上げることがおできにならず、

参 「言ふ」の謙譲語。もちろん「聞こえる」という意味もあり、そこから「評
判される」という意でも使われる。

例 この衣きつる人は物思ひなくなりにければ、車に
乗りて百人ばかり天人具して昇りぬ。（竹取物語）
→ この羽衣を着たかぐや姫は憂い悩むことがなくなってしまったので、
車に乗って百人ほど天人を連れて天に昇ってしまった。

参 「打ち具す」「引き具す」など、接頭語をつけて使われることもある。

例 かならず来なむと思ひて呼びにやりつる人の、「さ
ることありて」など言ひて来ぬ、くちをし。
（枕草子）
→ きっと来るだろうと思って呼びにやった人が、「差しつかえがあって」
などと言って（本人が）来ないのは、残念だ。

参 こちらが期待していたことを裏切って、失望、落胆する気持ち。

例 楫とり「けふ風雲のけしきはなはだ悪し」と言ひ
て、舟出ださずなりぬ。（土佐日記）
→ 船頭が、「今日は、風や雲の状態が非常に悪い」と言って、舟を出さ
ないでしまった。

参 「けはひ」が漠然と感じるのに対し、「けしき」は、視覚的にとらえたあ
りさまを表す。

例 「人には木の端のやうに思はるるよ」と清少納言
が書けるも、げにさることぞかし。（徒然草）
→ 「世の人にとっては木の端のようにつまらなく思われるよ」と清少
納言が書いているのも、なるほどもっともなことであるよ。

参 なるほど、もっともだと納得する気持ち。副詞「実には」は「本当は」「実
際は」の意味。

27

61 ここら
[幾許]
副
❶たくさん・数多く
❷たいそう・甚だ

ここを掘れ
ここらにたくさん
宝物

62 こころうし
[心憂し]
形
❶情けない・つらい
❷不愉快だ・気にくわない

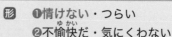

こころうし（心牛）
体も牛じゃ
情けない

63 こころぐるし
[心苦し]
形
❶気の毒だ
❷つらい・心配だ

こころぐるし
気の毒なほど
心病み

64 こころにくし
[心憎し]
形
❶奥ゆかしい・心ひかれる・
上品だ

こころにくし
奥ゆかしさで
魅了する

65 こころもとなし
[心許無し]
形
❶待ち遠しい・じれったい
❷不安だ・気がかりだ

結果待ち
こころもとなし
じれったい

例 ここらの物語書どもの中に、この物語はことにすぐれてめでたき物にして、（源氏物語玉の小櫛）
→ たくさんの物語の本の中で、この物語は特に優れたもので賞賛すべきものであって、

参 数の多さ、程度の甚だしさをいう。「そこら」「ここだ」も同じ意味で用いられる。

例 世の中になほいとこころうきものは、人ににくまれむことこそあるべけれ。（枕草子）
→ この世の中でやはり酷くつらいものは、人に憎まれるということであろう。

参 物事がうまくいかず、つらく情けない気持ち。

例 思はむ子を法師になしたらむこそこころぐるしけれ。（枕草子）
→ かわいく思っている子を法師にしたならば気の毒なことだ。

参 心に苦痛を感じること。相手を思いやったものであれば「気の毒だ」になり、自分のことなら「つらい」となる。

例 はじめこそ、心にくくもつくりけれ、今はうちとけて、手づから飯匙とりて、（伊勢物語）
→ （女は）はじめのうちこそ、奥ゆかしく取りつくろっていたけれども、今は気を許して、自分自身の手でしゃもじを取って、

参 奥深いものにひかれる気持ち。現代語でも「心憎い出来映え」という形で使われる。

例 遠き所より思ふ人の文を得て、固く封じたるそくひなどあくるほど、いと心もとなし。（枕草子）
→ 遠方からいとしいと思う人から手紙をもらって、固く封じてある糊づけなどを開けるまでが、酷くじれったい。

参 入試の結果を待つ時のような、落ち着かず待ち遠しい心の状態をいう。

●——線部の古語の訳を答えなさい。

解答

☐① 世に語り伝ふること、まことはあいなきにや、多くはみなそらごとなり。

つまらない

☐② ちごの、あからさまに抱きて遊ばしうつくしむほどに、かいつきて寝たる、いとうたし。

ほんのちょっと

☐③ 「かかる人も世にいでおはするものなりけり」と、あさましきまで目をおどろかしたまふ。

驚きあきれる

☐④ このもとの女、あしと思へるけしきもなくて、いだしやりければ、

不快だ

☐⑥ わが身とすみかとの、はかなくあだなるさま、またかくのごとし。

むなしい

☐⑦ 際ことに賢くて、ただ人にはいとあたらしけれど

惜しい

☐⑨ 昔、女はらから二人ありけり。一人は賤しき男の貧しき、一人はあてなる男持たりけり。

身分が高い

☐⑪ からすの寝どころへ行くとて、三つ四つ、二つ三つなど、飛び急ぐさへあはれなり。

しみじみとした趣がある

☐⑬ 家居のつきづきしく、あらまほしきこそ、仮の宿りとは思へど、興あるものなれ。

理想的な

☐⑭ ありがたきもの。舅にほめらるる婿。姑に思はるる嫁の君。

めったにない

☐⑱ 男も女も、いかでとく京へもがな、と思ふ心あれば、

なんとかして

☐⑲ 大方めぐらざりければ、とかく直しけれども、つひにまはらで、いたづらに立てりけり。

無駄に

☐㉑ 秋は夕暮れ。夕日のさして山の端いと近うなりたるに、

たいそう

☐㉔ 青き瓶の大きなるを据ゑて、桜のいみじうおもしろき枝の五尺ばかりなるをいと多く挿したれば、

たいそう

30

part1 まとめテスト ①

part
1

part
2

part
3

part
4

さくいん

☐ 25	今までとまり侍るがいとうきを、	つらい
☐ 28	それを見れば、三寸ばかりなる人、いとうつくしうてゐたり。	かわいらしく
☐ 36	惟光朝臣とのぞきたまへば、ただこの西面にしも、持仏すゑ奉りておこなふ尼なりけり。	勤行する
☐ 37	上人、なほゆかしがりて、おとなしく、物知りぬべき顔したる神官を呼びて、	思慮分別があり
☐ 39	物におそはるる心地して、おどろき給へれば、灯も消えにけり。	目を覚まさ
☐ 40	おのづから、事のたよりに都を聞けば、	たまたま
☐ 44	山吹の清げに、藤のおぼつかなきさましたる、すべて、思ひすてがたきこと多し。	はっきりしない
☐ 48	雪のおもしろう降りたりし朝、人のがり言ふべき事ありて、	趣深く
☐ 50	かしこき仰せ言をたびたび承りながら、	恐れ多い
☐ 51	按察使の大納言の御むすめ、心にくくなべてならぬさまに、親たちかしづき給ふことかぎりなし。	大切に育て
☐ 55	誠に、かなしからん親のため、妻子のためには、恥をも忘れ、盗みもしつべき事なり。	いとしい
☐ 56	よろづのことを泣く泣く契りのたまはすれど、御いらへもえ聞こえ給はず、	申し上げる
☐ 58	かならず来なむと思ひて呼びにやりつる人の、「さはることありて」など言ひて来ぬ、くちをし。	残念だ
☐ 59	梶とり「けふ風雲のけしきはなはだ悪し」と言ひて、舟出ださずなりぬ。	状態
☐ 60	「人には木の端のやうに思はるるよ」と清少納言が書けるも、げにさることぞかし。	なるほど
☐ 62	世の中になほいとこころうきものは、人ににくまれむことこそあるべけれ。	つらい

31

66 こちたし
[言痛し・事痛し] 形
❶仰々しい・おおげさだ
❷非常に多い・甚だしい

こちたし（こっち確）かめ
あっちも確かめ
おおげさだ

67 ことごとし
[事事し] 形
❶おおげさだ・ものものしい

ことごとしく
おおげさに言う
漫才師

68 ことわり
[理] 名
❶道理・筋道
❷理由・わけ

ことわり（断り）の
わけ、筋道を
立てて言え

69 さうざうし
形
❶物足りない・心寂しい

さうざうし（騒々し）
孫が帰って
物足りず

70 さがなし
形
❶意地が悪い
❷口やかましい

さがなし（差が無し）と
意地悪いウソ
広められ

32

例　鶴は、いとこちたきさまなれど、鳴く声雲居まで
きこゆる、いとめでたし。（枕草子）

→ 鶴は、たいそう仰々しい様子だけれども、鳴く声が空まで聞こえる
というのは、たいそう素晴らしい。

参　古くは「言痛し」で、人の口数が多く煩わしい意であったが、後に、❶
や❷の意味で使われるようになった。

例　唐土にことごとしき名つきたる鳥の、えりてこれ
にのみゐるらむ、いみじう心ことなり。（枕草子）

→ 中国でもおおげさな名のついている鳥（鳳凰）が、この木（桐の木）
だけを選んでとまるとかいうのは、大変格別に思われる。

参　「事事し」と書くことからわかるように、事柄が重なっていかにもものものしい感じを表す語。

例　かほどのことわり、誰かは思ひよらざらんなれど
も、（徒然草）

→ これくらいの道理は、誰だって思いつくことなのだけれども、

参　形容動詞「ことわりなり（当然だ）」、動詞「ことわる（道理を明らかにする）」もある。

例　この酒をひとりたうべんがさうざうしければ、申
しつるなり。（徒然草）

→ この酒を一人で飲むのが物足りないので、お呼びしたのである。

参　現代語の「騒々しい」とは、全く別の語なので注意しよう。物足りなくて、心寂しいさま。

例　東宮の女御のいとさがなくて、桐壺の更衣の、あ
らはにはかなくもてなされし例も、（源氏物語）

→ 東宮の女御（弘徽殿の女御）がとても意地が悪くて、桐壺の更衣が、
露骨にないがしろにされたという前例も、

参　「さがなし」の「さが」は「性質」を意味し、それが「なし」であるから意地が悪いとなる。

71 さすがに
[流石に]

副　❶そうは言ってもやはり

「さすがに」と
そうは言っても
やはり年

72 さながら
[然ながら]

副　❶そのまま
　　❷すべて・全部

さながら
蝶そのままに
宙を舞う

73 さぶらふ
[候ふ・侍ふ]

動　❶謙 お仕えする・おそばにいる
　　❷丁 ございます・おります

さぶらふ(さむらい)は
殿にお仕え
する仕事

74 さらなり
[更なり]

形動　❶言うまでもない・もちろんだ

さら(皿)なりと
言うまでもなく
皿は皿

75 さらに～(打消語)
[更に]

副　❶打消 決して・全く(～ない)

さらさらに(更に)
全く夢にも
考えず

例 さりがたき餞などしたるはさすがに打ち捨てがたくて、路次の煩ひとなれるこそわりなけれ。

(おくのほそ道)

→ 断りきれない人のくれた餞別などは（荷物だが）**そうは言ってもやはり**捨てるわけにはいかなくて、道中の煩いとなったのは仕方がない。

参 そのことは一応認めた上で、「そうは言ってもやはり」と下に続ける語。

例 帰り入りて探りたまへば、女君はさながら臥して、

(源氏物語)

→ （源氏が）部屋に戻って手探りをなさると、夕顔は**そのままの状態**で横たわっていて、

参 前に言ったことを指す「さ（そう）」に、そのままの状態を示す接続助詞「ながら」のついたもの。

例 いづれの御時にか、女御、更衣あまたさぶらひたまひける中に、(源氏物語)

→ どの天皇の時代であったか、女御や、更衣が大勢**お仕えして**いらっしゃった中に、

参 ❶は「あり・をり」の謙譲語。❷は「あり」「をり」の丁寧語。他に「行く」「来」の謙譲語などを表す。

例 夏は夜。月のころはさらなり。(枕草子)

→ 夏は夜（が趣深い）。月の出る頃は**言うまでもない**。

参 「言へばさらなり」、「言ふもさらなり」の形で、用いられることがある。

例 この娘、ただ栗をのみ食ひて、さらに米のたぐひを食はざりければ、(徒然草)

→ この娘は、ただ栗のみを食べて、**全く**お米などの穀物類を食べなかったので、

参 「さらさらそんなことは考えていない」の「さらさら」と同じであると考えるとよい。

⃞ 76 さるは　　　　接続
[然るは]

❶(順接)というのは・実は
❷(逆接)そうではあるが

このさるは(猿は)
小柄ではあるが
群れのボス

⃞ 77 したたむ　　　　動
[認む]

❶整理する・処理する
❷用意する・支度する

したためる
文で失恋
整理する

⃞ 78 しのぶ　　　　　動
[❶忍ぶ／❷偲ぶ]

❶自 人目を避ける
❷他 思い慕う

しのぶ恋
人目を避けて
文渡す

⃞ 79 すさまじ　　　　形
[凄じ]

❶興ざめだ
❷殺風景だ

すさまじく
わがままな人
興ざめだ

⃞ 80 すずろなり　　　形動
[漫ろなり]

❶わけもなく・あてもなく
❷やたらに・むやみに

あてもなく
すずろ(そぞろ)歩きの
二人づれ

76 ～ 80

part 1
part 2
part 3
part 4
さくいん

例 一つ家のやうなれば、望みてあづかれるなり。さるは、便りごとにものも絶えず得させたり。(土佐日記)

→ 一つの屋敷のようなので、(先方から)望んで預かってくれたのである。**そうではあるが**、機会があるごとに(お礼の)物を絶えず与えていた。

参 ラ行変格活用動詞「然り」連体形に係助詞「は」がついてできたもの。順接、逆接のいずれにも用いる。

例 物どもしたためはてて、この鉢を忘れて、物も入れず、とりも出ださで、倉の戸をさして、(宇治拾遺物語)

→ 品物(米俵)も整理し終わって、この鉢(があるの)を忘れて、米も入れず、取り出しもせず、倉の戸の鍵をかけて、

参 あとに問題を残さないように、物事をきちんと始末する意味で用いられる。

例 明け離れぬほど、しのびて寄する車どものゆかしきを、(徒然草)

→ まだ夜が明けきらないころ、**人目を避けて**そっと(祭りの見物席に)近づけてくる多くの車(の主)を知りたいので、

参 ❶は「忍ぶ」で、❷は「偲ぶ」である。

例 すさまじきもの。昼ほゆる犬、春の網代。三四月の紅梅の衣。(枕草子)

→ **興ざめな**もの。昼間ほえる犬、春までかかっている網代。三月、四月まで紅梅の衣(十一月から二月に着る衣)を着ているの。

参 季節や期待が外れたり、物事が調和していなかったりすることから受ける不快な気持ち。

例 むかし、男、みちの国にすずろに行きいたりにけり。(伊勢物語)

→ 昔、ある男が、陸奥の国に**あてもなく**行き着いたのだった。

参 理由、目的もなく、漫然と心が動く状態。「そぞろなり」も同じで、「そぞろ歩き」などという。❷は連用形を副詞的に用いる。

81 すなはち
[即ち・則ち・乃ち]

副 ❶すぐに・即座に

すなはち(砂鉢)に
すぐに入れなきゃ
こぼれちゃう

82 たてまつる
[奉る]

動 ❶謙 差し上げる ❷尊 召し上がる・お召しになる

たてまつる
名誉差し上げ
会長に

83 たまふ
[給ふ・賜ふ]

動 ❶尊 お与えになる・くださる ❷補動 尊 お〜になる(なさる)

金たまふ(たまう)
お与えになる
人々に

84 たより
[頼り・便り]

名 ❶よりどころ・頼みとするもの ❷よい機会・縁故

たより(便り)来て
生きてることの
よりどころ

85 つきづきし
[付き付きし]

形 ❶ふさわしい・似つかわしい

高級品
つきづきしはらい(月々支払い)
ふさわしい

例 困じにけるにや、ゐるままにすなはちねぶり声な
る、いとにくし。（枕草子）
→ 疲れてしまったのだろうか、座るとすぐに眠たそうな声になってし
まうのは、たいそう憎らしい。

参 あることがあった時に、それに続けて「すぐに」の意。名詞で「その時」
や接続詞で「そこで」「つまり」などの意味を表す。

例 何をか奉らむ。まめまめしき物は、まさなかりな
む。ゆかしくしたまふ物を奉らむ。（更級日記）
→ 何を差し上げましょうか。実用的なものは、きっとつまらないでしょ
う。欲しいとお思いになっている物を差し上げましょう。

参 「与ふ」の謙譲語「差し上げる」が基本で、「食ふ、飲む、着る、乗る」
の尊敬語としても用いる。

例 多くの銭を給ひて、数日に営み出だして、掛けた
りけるに、（徒然草）
→ （大井川の住民に）銭をたくさんお与えになって、何日もかけて（水
車を）造りあげ、取り付けたが、

参 「頂く」「～させていただく」と謙譲の意味で使われることもある。その
場合は、下二段活用となる。ここは四段活用の尊敬の用法。

例 さて年ごろ経るほどに、女、親なくたよりなくな
るままに、（伊勢物語）
→ そうして何年か経つ間に、女は、親が亡くなり（生活の）よりどこ
ろがなく貧しくなるにつれて、

参 何かがあった時に、頼りにできる所が基本の意。現代語の「手紙」のほ
か、「便宜、消息」などの意もある。

例 いと寒きに、火などいそぎおこして、炭持てわた
るも、いとつきづきし。（枕草子）
→ ひどく寒い朝に、火などを急いでおこして、炭を持って（廊下を）通っ
ていくのも、（冬の朝に）たいそうふさわしい。

参 二つのものがしっくり調和し、いかにもぴったりしている様子。

86 つたなし 〔拙し〕　形

❶下手だ・未熟だ
❷愚かだ・劣っている

つたなしと
言われるほどに
下手な人

87 つとめて　名

❶早朝
❷翌朝

つとめてね
早朝に起き
朝ごはん

88 つれづれなり 〔徒然なり〕　形動

❶退屈だ・手持ちぶさただ
❷しんみりと物寂しい

つれ(友人)づれ(連れ)て
退屈だから
ドライブに

89 つれなし　形

❶無情だ・冷淡だ・無関心だ
❷さりげない

つれないね
無情な態度に
泣き崩れ

90 ところせし 〔所狭し〕　形

❶窮屈だ・気詰まりだ
❷場所が狭い・余地がない

ところせし(ところせまし)
窮屈余地なく
並ぶ家

86 〜 90

part 1
part 2
part 3
part 4
さくいん

例 手などつたなからず走り書き、声をかしくて拍子
とり、(徒然草)

→ 文字なども下手ではなくすらすらと書き、声がよくて拍子をとって
歌い、

参 才能や性質の面で劣っていて、十分でないさま。

例 冬はつとめて。雪の降りたるはいふべきにもあら
ず、(枕草子)

→ 冬は早朝(が趣深い)。雪が降ったのは言うまでもなく、

参 「つと」は、早いの意。朝の早いこと。また、何か事があったその翌朝。

例 つれづれなるままに、日暮らし、硯に向かひて、
心にうつりゆくよしなし事を、(徒然草)

→ (ひとりで)手持ちぶさたなのにまかせて、一日中、硯に向かって、
心の中に浮かんでは消えてゆくつまらないことを、

参 何もすることがなく退屈なさま。そこからくる「寂しさ」を表すことも
ある。

例 むかし、男、つれなかりける女に言ひやりける
(伊勢物語)

→ 昔、ある男が、冷淡だった女に言い送った(歌)

参 他人の働きかけに無関心・無感動で、ドライな感じ。現代語でも「つれ
ない態度」と表現する。

例 かかる歩きも慣らひ給はず、ところせき御身にて、
めづらしう思されけり。(源氏物語)

→ (源氏は)このような山歩きも慣れていらっしゃらず、窮屈なご身
分なので、新鮮に思われた。

参 ❷の場所が狭い、が基本的な意味。そこから心理的に窮屈であるという
意味が生まれた。

41

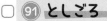

| □ 91 | **としごろ** [年頃・年比] | 名 | ❶長年の間・数年来
❷年齢の程度 |

としごろと
長年言い張る
うちの姉

| □ 92 | **な～(そ)** | 副 | ❶(禁止)～してくれるな・
～するな |

「な忘れそ」は
忘れてくれるな
覚えとけ

| □ 93 | **なかなか** [中中] | 副 | ❶かえって・むしろ　❷なま
じっか・中途半端に |

なかなかね
かえって言えぬ
親しいと

| □ 94 | **ながむ** [眺む] | 動 | ❶物思いにふける
❷長い間ぼんやりと見やる |

外ながむ
ぼんやりふける
恋の傷

| □ 95 | **なさけ** [情け] | 名 | ❶風流の心・情趣
❷思いやり　❸情愛 |

なさけなや(情けないや)
情趣わからぬ
野暮な人

例 昔、年ごろ訪ねざりける女、心かしこくやあらざりけむ、はかなき人の言につきて、（伊勢物語）
→ 昔、長年の間（男が）訪ねていかなかった（相手の）女が、考えが浅かったのであろうか、つまらない人の口車に乗って、

参 同じように、「月頃（月比）」は、数ヵ月間、「日頃（日比）」は、数日間の意。「数年来」と副詞的に用いられることがある（p.95参照）。

例 されば、老いたるは、いとかしこきものにはべり。若き人たち、なあなづりそ。（大鏡）
→ ですから、年取った人は、たいそう尊いものにございます。若い人たちよ、決して軽んじてくれるな。

参 「な」と「そ」の間に、動詞が入り、その動詞が表す意味を禁止する。

例 髪のうつくしげにそがれたる末もなかなか長きよりも、こよなう今めかしきものかな、（源氏物語）
→ 髪がきれいに切りそろえられている端もかえって長いよりも、この上なく現代風の感じがするものだなあ、

参 感動詞だと「そのとおり」の意味になる。また、形容動詞「なかなかなり（中途半端だ）」としても使われる。どっちつかずで中途半端な感じ。

例 夕月夜のをかしきほどに、出だし立てさせたまひて、やがてながめおはします。（源氏物語）
→ 夕月夜の美しいころに、（命婦を）出発させなさって、（帝は）そのまま物思いにふけっていらっしゃる。

参 名詞形の「眺め」も、古文では、物思いにふけってぼんやりと見やること。「詠む（詩歌を詠みあげる）」とは異なるので注意。

例 まらうどざねにて、その日はあるじまうけしたりける。なさけある人にて、瓶に花をさせり。（伊勢物語）
→ （行平は、良近を）主たる客として、その日は宴席を設けたのであった。（この行平は）風流の心のある人であって、花瓶に花を挿していた。

参 ❷は、現代語でも用いられ、人に対してだが、古文では❶のように、自然に対する情感としても用いられる。

43

96 なつかし
[懐かし]
形　❶心ひかれる　❷親しみやすい

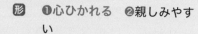

なつかしく
心ひかれる
我が母校

97 なのめなり
[斜めなり]
形動　❶普通だ・平凡だ
❷いいかげんだ

みんなのめ(目)
普通の服じゃ
集まらぬ

98 なほ
[猶・尚]
副　❶やはり
❷さらに・いっそう

なほす(治す)とは
やはり名医だ
難病を

99 なまめかし
[生めかし・艶かし]
形　❶優美だ・優雅だ
❷若々しく美しい・みずみずしい

なまめかし
美女の優雅な
舞い踊り

100 ねんず
[念ず]
動　❶我慢する
❷心の中で祈る

1 ねんずー(年中)
遊び我慢す
受験生

44

例 にはかにしもあらぬ匂ひいとなつかしう住みなしたり。（徒然草）

→ 急に焚いたわけでもない香りが漂って、たいそう**心ひかれる**様子で暮らしていた。

参 その人や物に心がひかれ、そばに置きたい気持ち。現代語の「なつかしい」は鎌倉時代以降の使い方。

例 思ふことの少しもなのめなる身ならましかば、好き好きしくももてなし若やぎて、（紫式部日記）

→ 考えることが少しでも**普通の**我が身であったならば、風流好みにもふるまい若々しくして、

参 「なのめならず」で、「普通でない・格別だ」という意味で用いられる。

例 八日、さはる事ありてなほ同じ所なり。（土佐日記）

→ 八日、都合の悪いことがあって**やはり**同じ所である。

参 古文で「なほ」が出てきたら、まず、「やはり」と訳してみよう。

例 なまめかしきもの。ほそやかに清げなる君達の直衣姿。（枕草子）

→ **優美な**もの。ほっそりとして、すっきりと美しい貴公子が直衣を着た姿。

参 若々しくみずみずしさがあって、優雅なさま。

例 みなかくれ臥しぬれば、ただ一人、ねぶたきを念じてさぶらふに、「丑四つ」と奏すなり。（枕草子）

→ 皆が姿を消して寝てしまったので、私ひとりが、眠たいのを**我慢し**て控えていると、「丑四つ」と奏上するのが聞こえる。

参 「念じ入る（一心に祈る）」、「念じ返す（気持ちを取り直し、我慢する）」、「念じ過ぐす（我慢して過ごす）」などの語もある。

| □ | **101 ののしる** | 動 | ❶大声をあげて騒ぐ |
| | [罵る・喧る] | | ❷評判が高い・うわさをする |

ののしりて
大声あげて
騒ぐ人

| □ | **102 はかなし** | 形 | ❶頼りない ❷ちょっとしたこ |
| | [果無し・果敢無し] | | とである ❸取るに足りない |

ははかなし (母悲し)
子は頼りなく
心配だ

| □ | **103 はかばかし** | 形 | ❶しっかりしている |
| | [果果し・捗捗し] | | ❷はっきりしている |

はか(墓)ばかし (ばっかり)
しっかりさがせ
うち(家)の墓

| □ | **104 はしたなし** | 形 | ❶間が悪い・みっともない |
| | [端なし] | | ❷中途半端だ |

はしたなし
立ち食い見られ
間が悪い

| □ | **105 はづかし** | 形 | ❶立派だ・優れている |
| | [恥づかし] | | ❷気が引ける・きまりが悪い |

はづかしと
言える謙虚さ
立派なり

例 別れがたく思ひて、日しきりにとかくしつつ、の
のしるうちに夜ふけぬ。（土佐日記）

→ （親しくつきあってきた人々が）別れがたく思って、一日中あれや
これやしては、**大声をあげて騒ぐ**うちに、夜がふけてしまった。

参 古語では、現代語の相手を悪く言う意味で使われる用例は、ほとんど見ら
れない。

例 いとはかなうものし給ふこそ、あはれにうしろめ
たけれ。（源氏物語）

→ ほんとうに**頼りなく**ていらっしゃるのが、かわいそうで気がかりな
ことです。

参 移ろいやすく、不安定なものに対して、頼りなく思う気持ち。

例 とりたてて、はかばかしき後ろ見しなければ、事
あるときは、なほ拠り所なく心細げなり。（源氏物語）

→ 取り立てて、**しっかりした**後ろ楯がいないものだから、何か事があ
る時は、やはり頼りとする所がなく、心細い様子である。

参 もともとは期待通りに事が運ぶ意から、その期待を満足させてくれると
いうことで、しっかりとしているとなる。

例 はしたなきもの。異人を呼ぶに、我ぞとてさし出
でたる。（枕草子）

→ **間が悪い**もの。別の人を呼んでいるのに、自分だと思って出て行っ
たの。

参 「はした」は、「中途半端」の意味で、そこから「間が悪い」などきまり
の悪さを表す。

例 はづかしき人の、歌の本末問ひたるに、ふとおぼ
えたる、我ながらうれし。（枕草子）

→ **立派な**人が、歌の上の句や下の句を尋ねた時に、とっさに思い出し
たのは、我ながらうれしい。

参 そばにいて、こちらが恥ずかしいと思うほど、相手が優れているさま。
❷は現代語と同じ。

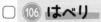

| 106 **はべり**
【侍り】 | 動 | ❶謙 お仕えする
❷丁 あります・おります |

はべりつき
殿に仕える
家来たち

| 107 **びんなし**
【便無し】 | 形 | ❶不都合だ・都合が悪い |

びんなしで
町まで行けぬ
不都合だ

| 108 **ふみ**
【文・書】 | 名 | ❶手紙
❷書物・漢詩 |

ふみもらい
漢詩を添えた
手紙出す

| 109 **まさなし**
【正無し】 | 形 | ❶よくない ❷思いがけない
❸見苦しい・みっともない |

うまさなし
この料理人
よくないね

| 110 **まゐる**
【参る】 | 動 | ❶謙 参上する・出仕する
❷尊 召し上がる |

墓まゐる(参る)
僧参上し
念仏す

106 ～ 110

part 1
part 2
part 3
part 4
さくいん

例 この太秦殿にはべりける女房の名ども、一人はひざさち、一人はことづち、・・・とつけられけり。(徒然草)
→ この太秦殿にお仕えしている女房の名前を、一人はひざさち、一人はことづち・・・とおつけになっていた。

参 ❶は「あり・をり」の謙譲語。❷は「あり・をり」の丁寧語で、「さぶらふ」も同じ。補助動詞にもなる。

例 びんなきことなど侍りとも、なほ契り聞こえしかたは忘れ給はで、(枕草子)
→ 不都合なことなどがございましても、やはりお約束申し上げた点はお忘れにならないで、

参 「便」は都合のよい機会などを指し、それが「無し」であるから不都合だとなる。

例 京に、その人の御もとにとて、文書きてつく。
(伊勢物語)
→ 京に、あのお方の御手もとにと思って、手紙を書いて人に託す。

参 「手紙」「書物」「文章」「漢詩」など、紙に書き記したさまざまなものを指す以外に、「学問」や「漢学」を表すこともある。

例 あやしき業をしつつ、御送り迎への人の衣の裾、たへがたく、まさなきこともあり。(源氏物語)
→ けしからぬことをしては、(更衣の)送り迎えをする人たちの着物の裾が、(汚れて)我慢できないほど、よくないこともある。

参 「正無し」と書くことからわかるように、行為や状態が正しいことから外れているさまを言う。

例 師走になりて、またまゐる。局してこのたびは日ごろさぶらふ。(更級日記)
→ 十二月になって、また出仕する。お部屋をいただいて今後は何日間かお仕えした。

参 「行く、来」の謙譲語であり、同時に、「食ふ、飲む」の尊敬語として❷のように用いられる。

111 むげなり

[無下なり]

形動

❶全く酷い・最低だ
❷（副詞的に）むやみだ

むげの字は
無下にと書き
酷いさま

112 むつかし

[難し]

形

❶不快だ・うっとうしい
❷面倒だ・煩わしい

むつかしい
不快な顔じゃ
客逃げる

113 めざまし

[目覚まし]

形

❶気にくわない・心外だ
❷立派だ・素晴らしい

めざまし（目覚まし）の
音気にくわぬ
鳴りつづけ

114 めづ

[愛づ]

動

❶愛する・かわいがる　❷ほめる
❸感心する・心ひかれる

めづ（メス）の鳥
子をかわいがり
いとおしむ

115 めづらし

[珍し]

形

❶新鮮だ・目新しい
❷素晴らしい・賞賛すべきだ

めづらしく
目新しいもの
好きな母

⑪⑪ ～ ⑪⑤

part 1
part 2
part 3
part 4
さくいん

例 **殊勝**のことは**御覧**じとがめずや。**むげなり**。(徒然草)
➡ (この)素晴らしいことをご覧になって、気づかないのか。**全く酷い**。

参 「むげに」の形で下に打消表現を伴うと「全く、全然（〜ない）」という意味になる。これは副詞とする説もある。

例 雨のふる時は、ただ**むつかしう**、今朝まで晴れ晴れしかりつる空ともおぼえず、(枕草子)
➡ 雨の降る時には、ただ**うっとうしくて**、今朝まで晴れ晴れとしていた空とも思われず、

参 赤ん坊が「むずがる」というが、それと同じ語源。好ましくないことに接した時の不快な感じを表す。

例 初めよりわれはと思ひ上がり給へる御方々、**めざましき**ものにおとしめそねみ給ふ。(源氏物語)
➡ 初めから私こそ（帝のご寵愛を）と思いあがっていた女御たちは、(この方を)**気にくわない**女だと恨み憎くお思いになる。

参 「目が覚めるほどである」という意から、悪い意味なら❶に、よい意味なら❷になる。

例 この姫君ののたまふこと、「人々の、花、蝶やと**めづる**こそ、はかなくあやしけれ。…」(堤中納言物語)
➡ この姫のおっしゃることには、「(世間の)人々が、花よ蝶よと**かわいがる**ことは、つまらなく、奇妙なことです。…」

参 美しく、かわいいものに対して心ひかれ、賞賛する気持ち。

例 かくて明けゆく空のけしき、きのふに変はりたりとは見えねど、ひきかへ**めづらしき**心地ぞする。
(徒然草)
➡ こうして明けてゆく（元旦の）空の様子は、昨日とは変わっているとは見えないが、打って変わって**新鮮な**感じがする。

参 あまり見ないほど、新鮮で素晴らしいという感じ。

51

116 めでたし 形
❶素晴らしい・立派だ・見事だ
❷祝うべきだ・喜ばしい

おめでたい
式に見事な
鯛届く

117 めやすし 形
[目安し・目易し]
❶感じがよい・見苦しくない

ほめやすし
話す感じが
よいお方

118 ものす 動
[物す]
❶他 〜する
❷自 ある・いる・行く

ものす(物好)きは
いろいろするが
下手のまま

119 やうやう 副
[漸う]
❶しだいに・だんだんと

やうやう(ヨーヨー)は
やればだんだん
うまくなる

120 やがて 副
[軈て・頓て]
❶そのまま
❷すぐに・ただちに

やがて子は
そのまま親の
仕事継ぐ

例 藤の花は、しなひ長く、色濃く咲きたる、いとめ
でたし。(枕草子)
→ 藤の花は、しなやかに垂れた花房が長く、色濃く咲いているのが、
たいそう**素晴らしい**。

参 とにかく褒める時に用いると考えればよい。

例 髪ゆるやかにいと長く、めやすき人なめり。

(源氏物語)

→ 髪がゆったりとしていてたいそう長く、**感じがよい**人のようである。

参 見た目に感じがよいさまをいう。対義語は、「みぐるし」である。

例 ここにぞいとあらまほしきを、何事もせむにいと
便なかるべければ、かしこへものしなむ。(蜻蛉日記)
→ この場所にとてもいたいのだけれども、何をするにしても実に都合
が悪いので、あちらへ**行っ**てしまおう。

参 英語の「do」にあたる。「来、生まれる、死ぬ、言ふ、書く、食ふ」
などの動詞の代わりに用いられる。補助動詞もある。

例 春はあけぼの。やうやうしろくなりゆく山ぎは、
すこしあかりて、(枕草子)
→ 春は明け方(が趣深い)。**だんだんと**白んでゆく山際が、少し明る
くなって、

参 ものごとが徐々に進行するさま。

例 「…何事も用もなし。」とて、薬もくはず、やがて
起きもあがらで、病み臥せり。(竹取物語)
→ 「…何事も役に立たない。」といって、薬も飲まず、**そのまま**起き上
がりもしないで、病んで寝込んでしまった。

参 時間的、状態的に「そのまますぐに」引き継ぐさまをいう。

121 やさし
[優し・恥し]

形 ①優雅だ・優美だ
　　②つらい・恥ずかしい

やさしくて
優雅な人が
理想像

122 やむごとなし

形 ①高貴だ・貴い
　　②格別である・並々でない

やむ(止む)ことなし(無し)
高貴な人への
贈り物

123 ゆかし

形 ①心がひかれる(見たい、知りたい、行きたい、などと訳す)

ゆかした(床下)に
心ひかれる
金の壺

124 ゆゆし

形 ①忌まわしい・不吉だ
　　②(善悪どちらにも)甚だしい

ゆゆしきは
君の態度だ
忌まわしい

125 よし
[良し・好し・善し]

形 ①優れている・美しい・賢い

よしは良い
美し、賢い
優れてる

121 ～ 125

part 1
part 2
part 3
part 4
さくいん

例 月をめで 花を眺めし いにしへの やさしき人は ここにありはら（徒然草）

→ 月を愛し、花を見つめ（て放心し）ていた、遠い昔の**優雅な**人である在原業平は今はここに祀られている

参 恥ずかしい状態が基本義で、そのような状態はつつましやかで、上品なので、「優雅だ」という意味が生まれた。

例 女御、更衣あまたさぶらひ給ひける中に、いとやむごとなききはにはあらぬが、（源氏物語）

→ 女御や、更衣が大勢お仕えしている中に、それほど**高貴な**身分ではない（お方）で、

参 「止む事無し」で「捨てておけない」が基本義だが、そこから、「高貴だ」、「並々でない」という意味が生まれた。

例 参りたる人ごとに山へ登りしは、何事かありけん、ゆかしかりしかど、（徒然草）

→ 参詣した人々が皆山の方に登って行ったのは、何事があったのでしょうか、（私も）**行きたかった**が、

参 何事であれ、心が対象物に強くひかれる感じ。文脈に応じ、見たい、知りたい、行きたいなどと訳す。

例 ゆゆしき身にはべれば、かくておはしますも、いまいましう、かたじけなくなむ（源氏物語）

→ （娘に先立たれた）**不吉な**身でございますので、（若宮が）こんなところでお暮らしなのも、はばかり多く、恐れ多いことでございます

参 「神聖で恐れ多い」が基本の意味で、善悪どちらにも程度の甚だしい感じを表す。

例 また、よき人の説ならんからに、多くの中には、誤りなどかなからん。（玉勝間）

→ また、**優れた**学者の学説であっても、多くの（学説）中には、誤りがないなどということがあろうか、いや、あるはずだ。

参 好感が持てるものに対して使う語で、文脈に応じ、素晴らしい、身分が高い、上手だなどと訳す。

55

126 らうたし	形	❶かわいい・いとしい ❷かわいそうだ

ひらう(拾う)たし
かわいい貝を
砂浜で

127 わびし [侘びし]	形	❶物寂しい・物悲しい ❷つらい・困ったことだ

わびしくて
寂しい夜を
一人寝る

128 わりなし	形	❶無理だ・無茶だ ❷どうしようもない

おかわりなし
一杯だけとは
無理、無茶だ

129 をかし	形	❶趣深い・風情がある ❷興味深い・おもしろい

金をかし(貸し)
趣深い
絵をもらう

130 ささささ~(打消語)	副	❶打消 少しも・ほとんど・決して(~ない)

村のさ(長)
ささけ(お酒)少しも
いただかず

例 をかしげなるちごの、あからさまに抱きて遊ばしうつくしむほどに、かいつきて寝たる、いとらうたし。(枕草子)
➡ かわいらしい幼児が、ほんのちょっと抱いて遊ばせてかわいがるうちに、しがみついて寝てしまったのは、たいそう**かわいい**。

参 幼い子どもや弱い者に対して、いたわってやりたい、いじらしくかわいいと思う気持ち。

例 いといみじうわびしく恐ろしうて、夜をあかすほど、千年を過ぐす心地す。(更級日記)
➡ たいそう酷く**心細く**恐ろしくて、夜が明けるのを待つ間、千年を過ごしたような心地がする。

参 物事が自分の思いどおりにならず、つらく、寂しい気持ちを表す。

例 人の後ろにさぶらふは、様あしくも及びかからず、わりなく見むとする人もなし。(徒然草)
➡ 主人の後ろにお仕えする者は、(祭りを見る時に)無様に前の人にのしかかりもせず、**無理に**見ようとする人もない。

参 「理(道理)」が「無し」の意味で道理に外れて、どうにもならないさま。

例 まいて雁などのつらねたるが、いとちひさく見ゆるはいとをかし。(枕草子)
➡ まして雁などが列をなしているのが、ごく小さく見えるのはとても**趣深い**。

参 「あはれなり」がしみじみとした情趣なのに対し、「をかし」は明るく、興味深い感じ。

例 さて、冬枯れのけしきこそ、秋にはをさをさおとるまじけれ。(徒然草)
➡ さて、(草木の)冬枯れのありさまこそ、秋には**少しも**劣ら**ないだろう**。

参 「少しも・ほとんど」というニュアンスが本来の意味であるが、「決して」と訳した方がよい時もある。

57

●──線部の古語の訳を答えなさい。

解答

☐68 かほどの<u>ことわり</u>、誰かは思ひよらざらんなれ ども、

道理

☐69 この酒をひとりたうべんが<u>さうざうし</u>ければ、 申しつるなり。

物足りない

☐73 いづれの御時にか、女御、更衣あまた<u>さぶらひ</u> たまひける中に、

お仕えして

☐74 夏は夜。月のころは<u>さらなり</u>。

言うまでもない

☐78 明け離れぬほど、<u>しのびて</u>寄する車どものゆか しきを、

人目を避け

☐79 <u>すさまじき</u>もの。昼ほゆる犬、春の網代。三四 月の紅梅の衣。

興ざめな

☐80 むかし、男、みちの国に<u>すずろに</u>行きいたりに けり。

あてもなく

☐81 困じけるにや、ゐるままに<u>すなはち</u>ねぶり声 なる、いとにくし。

すぐに

☐83 多くの銭を<u>給ひ</u>て、数日に営み出だして、掛け たりけるに、

お与えになっ

☐85 いと寒きに、火などいそぎおこして、炭持てわ たるも、いと<u>つきづきし</u>。

ふさわしい

☐87 冬は<u>つとめて</u>。雪の降りたるはいふべきにもあ らず、

早朝

☐88 <u>つれづれなる</u>ままに、日暮らし、硯に向かひて、 心にうつりゆくよしなし事を、

手持ちぶさたな

☐94 夕月夜のをかしきほどに、出だし立てさせたま ひて、やがて<u>ながめ</u>おはします。

物思いにふけっ て

☐95 まらうどざねにて、その日はあるじまうけした りける。<u>なさけ</u>ある人にて、瓶に花をさせり。

風流の心

☐96 にはかにしもあらぬ匂ひいと<u>なつかしう</u>住みな したり。

心ひかれる

58

part1
part2
part3
part4
さくいん

☐ 98 八日、さはる事ありてなほ同じ所なり。 　やはり

☐ 100 みなかくれ臥しぬれば、ただ一人、ねぶたきを念じてさぶらふに、「丑四つ」と奏すなり。 　我慢し

☐ 101 別れがたく思ひて、日しきりにとかくしつつ、ののしるうちに夜ふけぬ。 　大声をあげて騒ぐ

☐ 105 はづかしき人の、歌の本末問ひたるに、ふとおぼえたる、我ながらうれし。 　立派な

☐ 106 この太秦殿にはべりける女房の名ども、一人はひざさち、一人はことづち、…とつけられけり。 　お仕えし

☐ 112 雨のふる時は、ただむつかしう、今朝まで晴れ晴れしかりつる空ともおぼえず、 　うっとうしくて

☐ 114 この姫君ののたまふこと、「人々の、花、蝶やとめづるこそ、はかなくあやしけれ。…」 　かわいがる

☐ 115 かくて明けゆく空のけしき、きのふに変はりたりとは見えねど、ひきかへめづらしき心地ぞする。 　新鮮な

☐ 116 藤の花は、しなひ長く、色濃く咲きたる、いとめでたし。 　素晴らしい

☐ 119 春はあけぼの。やうやうしろくなりゆく山ぎは、すこしあかりて、 　だんだんと

☐ 120 「…何事も用もなし。」とて、薬もくはず、やがて起きもあがらで、病み臥せり。 　そのまま

☐ 123 参りたる人ごとに山へ登りしは、何事かありけん、ゆかしかりしかど、 　行きたかっ

☐ 125 また、よき人の説ならんからに、多くの中には、誤りなどかなからん。 　優れた

☐ 127 いといみじうわびしく恐ろしうて、夜をあかすほど、千年を過ぐす心地。 　心細く

☐ 129 まいて雁などのつらねたるが、いとちひさく見ゆるはいとをかし。 　趣深い

59

☐ 131 **あきらむ**
[明らむ]

動　❶明らかにする・はっきり見る
❷心のくもりを晴らす

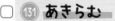

あきらむは
明らかに違う
あきらめと

☐ 132 **あくがる**
[憧る]

動　❶さまよい出る　❷心が離れる　❸そわそわする

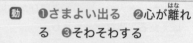

あくがる (憧れ)は
さまよい出て行く
一人旅

☐ 133 **あない**
[案内]

名　❶事情・物事の内情

あな(アナ)いつも
事情説明
スマイルで

☐ 134 **あへなし**
[敢へ無し]

形　❶どうしようもない
❷張り合いがない

あへなし (会えない)じゃ
どうしようもない
恋人と

☐ 135 **あらまし**

名　❶予定・計画・将来の希望

あらましは
計画通り
いく予定

例 いにしへを考ふること、さらに一人二人の力もて、ことごとくあきらめつくすべくもあらず。(玉勝間)

→ 古代を考察することは、決して一人や二人の力で、すべてを**明らかにし**つくせるものではない。

参 現代語の「あきらめる」とは全く別の語。物事をよく見て、その道理、理由などを見極(みきわ)め、明らかにすること。

例 物思ふ人のたましひは、げにあくがるるものになむありける。(源氏物語)

→ 物思いをする人の魂(たましい)というものは、本当に**さまよい出る**ものであることよ。

参 魂や人が、何かにひかれ、本来ある場所を離れて落ちつかなくなる状態。

例 大臣(おとど)にも変はらぬ姿いまひとたび見え、かくとあない申して、(大鏡)

→ 大臣にも(私の出家前の)変わらない姿をもう一度見せ、これこれと**事情**も申し上げて、

参 動詞「あないす」も多く用いられ、取り次ぎを頼(たの)む、問いただすの意となる。

例 身づから額髪(ひたいがみ)をかきさぐりて、あへなく心細ければ、うちひそみぬかし。(源氏物語)

→ 自分で切り落とした額髪を手で触(さわ)ってみて、**どうしようもなく**心細いので、泣きそうな顔になってしまうよ。

参 行き詰(づ)まってしまい、やる気も失(う)せて、どうしようもない気持ち。

例 おほやう、人を見るに、少し心あるきはは、みなこのあらましにてぞ、一期(いちご)は過ぐめる。(徒然草)

→ おおよそ、(世間の)人を見ると、少しわかったという程度の人は、皆(みな)この**予定**だけで、一生が過ぎるようである。

参 ラ行変格活用動詞「あり」未然形に反実仮想の助動詞「まし」がついてできた語。つまり、こうありたいと願う意から、このような意味が生まれた。

136 ありく
[歩く]

動 ❶動き回る・あちこち移動する

あり(蟻)くる(来る)と
エサをさがして
移動する

137 いうなり
[優なり]

形動 ❶優雅だ・上品だ
❷優れている・立派だ

いう(言う)なりに
なる人 優雅
上品だ

138 いさ

感動・副 ❶感動 さあ・いやあ
❷副 さあどうだか

まあいいさ
ためらう気持ち
わかるさあ

139 いとど

副 ❶ますます・いっそう

よいとど(トド)が
ますますうまく
ショーこなし

140 いふかひなし
[言ふ甲斐無し]

形 ❶どうしようもない
❷取るに足りない

いふかひ(言う甲斐)の
ない人はどう
しようもない

例 船に乗りて、海ごとにありき給ふに、いと遠くて、筑紫の方の海に漕ぎいで給ひぬ。（竹取物語）
→ 船に乗って、どの海も**あちこち移動**なさるうちに、たいそう遠くなって、筑紫の方の海に出られた。

参 「あゆむ」が、足で一歩一歩進むのに対し、「ありく」は、あちこち移動する の意。「船・車・馬」などにも使う。

例 かぐや姫のかたちいうにおはすなり。（竹取物語）

→ かぐや姫の容貌は**優れて**いらっしゃるということだ。

参 申し分なく美しいものに対する褒め言葉。

例 「なにとかこれをばいふ」と問へば、とみにはいはず、「いさ」など、（枕草子）
→ 「これ（この草）はなんというの」と尋ねると、（子どもたちは）すぐに返事をしないで、「**さあ**」などと言って、

参 答えにくいときのためらいの気持ち。「いざ」は別の語で、「いざ、行かむ」のように誘う時などに発する語（p.94参照）。

例 闇にくれてふし沈みたまへるほどに、草も高くなり、野分にいとど荒れたる心地して、（源氏物語）
→ （亡き子を思う）悲しみにくれて臥せていらっしゃるうちに、草も生い茂り、それが台風のために**ますます**荒れたような感じがして、

参 「いと」を重ねた「いといと」が変化した形。「いと」に比べて程度が甚だしいさまをいう。

例 聞きしよりもまして、いふかひなくぞこぼれ破れたる。（土佐日記）
→ （長い間留守にしていた家は）かねてうわさに聞いていた以上に、**どうしようもなく**壊れ傷んでいる。

参 言うだけの甲斐（価値）がないというのが基本義。

63

141 いぶせし

形 ❶気が晴れない・うっとうしい

たいぶ(退部)せし
部員を思い
気が晴れず

142 いまいまし
[忌ま忌まし]

形 ❶不吉だ・縁起が悪い
❷忌み慎むべきだ

いまいまし
縁起が悪い
知らせあり

143 いむ
[❶忌む／❷斎む]

動 ❶他 忌み嫌う
❷自 心身を浄め慎む

たいむ(タイム)かけ
ペース乱され
忌み嫌う

144 いらふ
[答ふ・応ふ]

動 ❶返事をする・答える

いらふ(慰労)会
参加したいと
返事する

145 おくる
[後る・遅る]

動 ❶取り残される・先立たれる　❷劣る

おくる人
取り残されて
一人きり

例 えせざいはひなど見てゐたらむ人は、いぶせくあなづらはしく思ひやられて、（枕草子）
→ 見かけだけの幸福などを（夢）見ているような人は、（私には）うっとうしくつまらない人のように思いやられて、

参 思うようにならず、どこか胸につかえるような感じ。その原因となる事柄に応じて訳をする必要がある。

例 げにかばかりの祝の御事、また今日になりてとまらむもいまいましきに、（大鏡）
→ 本当にこれほどのお祝いの儀式が、また当日になって中止になるというのも不吉なので、

参 動詞「忌む」が重なり、形容詞となったもの。

例 ある人の、月の顔見るは忌む事と制しけれども、ともすれば、人間にも月を見ては、（竹取物語）
→ お付きの人が、月の顔を見るのは忌み嫌うべきことだと止めたけれども、ややもすると、人のいない間にも月を見ては、

参 不吉なことなので、避けて忌み嫌うこと。

例 いらへには「なにの前司にこそは」などぞかならずいらふる。（枕草子）
→ 返事には「どこそこの前の国司です」などと必ず答える。

参 「こたふ」とほぼ同じだが、「いらふ」は相手に適当に返事する場合に用いられる。名詞「いらへ（返事）」。

例 故姫君は、十ばかりにて殿におくれたまひしほど、いみじうものは思ひ知りたまへりしぞかし。（源氏物語）
→ 亡くなった母君は、十歳くらいで父君に先立たれなさった時は、それはよく物がおわかりになっていらっしゃいましたよ。

参 「送る」や「贈る」と間違わないようにしよう。あとに取り残された状態。

65

146 かこつ
[託つ]

動

❶嘆く・不平を言う
❷口実にする

かこ（過去）つらい
体験をして
嘆く人

147 きこしめす
[聞こし召す]

動

❶尊 お聞きになる
❷尊 召し上がる

きこしめす
聞く・食う・飲むの
尊敬語

148 きは
[際]

名

❶身分・地位
❷程度

窓のきは（際）
地位ある人の
席多し

149 きよげなり
[清げなり]

形動

❶小ぎれいで美しい・きれい
だ

きよげなり
さっぱりとした
美しさ

150 けいす
[啓す]

動

❶謙 （皇后・皇太子などに）
申し上げる

皇后に
本をけいす（返す）と
申し上げ

例 逢はでやみにし憂さを思ひ、あだなる契りをかこち、長き夜をひとりあかし、 (徒然草)

→ 逢わずに終わってしまったつらさを思い、結ばれずに終わってしまった恋の約束を嘆き、長い夜を一人で明かして、

参 現代語でも「何かにかこつけて」というように、他に事寄せていうのが基本義。

例 かぐや姫、かたちの世に似ずめでたきことを、帝聞こし召して、 (竹取物語)

→ かぐや姫の、容貌が世に類いなく素晴らしいことを、帝はお聞きになって、

参 「聞く・食ふ・飲む」の尊敬語。

例 いとやむごとなききはにはあらぬが、すぐれて時めきたまふありけり。 (源氏物語)

→ それほど高貴な身分でない方で、ひときわ帝のご寵愛をお受けになっている方がいた。

参 場所 (あたり)、時間 (とき)、程度、身分など幅広い用法がある。

例 清げなる大人二人ばかり、さては童べぞ出で入り遊ぶ。 (源氏物語)

→ 小ぎれいで美しい女房が二人ほど (座っていて)、そのほかに童女が出たり入ったりして遊んでいる。

参 清楚、清潔でさっぱりした美しさ。現代語の「きれいだ」に近い。

例 御前にまゐりてありつるやう啓すれば (枕草子)

→ 中宮様の御前に参上して、さきほどからのことを申し上げたところ、

参 「奏す」が、天皇に申し上げる時に用いられるのに対し、「啓す」は、皇后や皇太子に申し上げる時に用いる。

67

151 けしからず 連語
[異しからず・怪しからず]
❶奇怪だ・異様だ
❷不都合だ

けしからず(ぬ)

奇怪な霊が

現れて

152 けはひ 名
❶様子
❷雰囲気・感じ

けはひ(気配)して

外のようすを

そっと見る

153 こうず 動
[困ず]
❶疲れる
❷困る

絵のこうず(構図)

困り続けて

疲れ果て

154 こころづきなし 形
[心付き無し]
❶不愉快だ・気にくわない

こころづき(チップ)

なしのお客は

気にくわぬ

155 こころなし 形
[心無し]
❶思慮がない　❷思いやりがない　❸風流心のない

こころなし

思慮と風流

ここになし

⑮①〜⑮⑤

part 1
part 2
part 3
part 4
さくいん

例 木霊（こだま）などけしからぬ物ども、所を得て、やうやう
形をあらはし、（源氏物語）
→ 樹木の精霊（せいれい）など奇怪な（きかい）ものなどが、場所を得て（我（わ）がもの顔をして）、
だんだん姿を現し、

参 「けし（異様だ）」に、打ち消しの助動詞「ず」がついた形だが、この「ず」
は「ない」の意味にならず、「けし」を強調している。

例 立ち聞き、かいまむ人のけはひして、いといみじ
くものつつまし。（更級日記）
→ 立ち聞きしたり、覗（のぞ）き見したりする女房（にょうぼう）の様子がして、本当にとて
も気が引ける。

参 古文では「けわい」と読むので注意。自然や人、状態から何となくムー
ドで感じられる様子。

例 石階（いしばし）おりのぼりなどすれば、ありく人こうじて、
いと苦しうするまでなりぬ。（蜻蛉日記）
→ 石段を降りたり上ったりするので、歩く人は疲（つか）れて、たいそう苦し
い思いをするまでになった。

参 ❷は精神的な疲労（ひろう）、❶は肉体的な疲労を表す。

例 いみじうこころづきなきもの。祭、禊（みそぎ）など、すべて
男の物見るに、ただひとり乗りて見るこそあれ。
（枕草子）
→ たいそう気にくわないもの。祭りや禊など、総じて男が見物に行く
のに、自分ひとりだけが牛車に乗って見る（のは気にくわない）。

参 自分の好みや気持ちに合わない時の反感や不快感を表す。

例 こころなしとみゆる者も、よき一言はいふものな
り。（徒然草）
→ 思慮がないと思われる者でも、（場合によっては）よい一言を言うも
のである。

参 同じ漢字で「うらなし」と読む場合は、「うっかりしている」、「隠（かく）し立
てしない」という意味になるので注意。

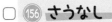

| 156 **さうなし**
[双無し] | 形 | ❶素晴らしい・並ぶものがない |

やさう(野草)なし
庭の手入れが
素晴らしい

| 157 **ざえ**
[才] | 名 | ❶学問・漢詩文の知識
❷才能・技芸 |

夢とざえ(途絶え)
学問、技芸の
才無駄に

| 158 **さかし**
[賢し] | 形 | ❶しっかりしている
❷賢い　❸気が利いている |

さかしく(賢しく)て
しっかりしている
うちの孫

| 159 **さはる**
[障る] | 動 | ❶差しつかえる・妨げとなる |

気にさはる(さわる)
妨げとなる
君の口

| 160 **さる**
[然る] | 連体 | ❶もっともな・しかるべき・相当な　❷そのような |

さる(猿)がさる(去る)
もっともなこと
エサがない

例 城陸奥守泰盛は、さうなき馬乗りなりけり。(徒然草)

→ 城陸奥守泰盛は、**並ぶものがない**馬乗りであった。

参 「左右無し」と書く場合は、「あれかこれか迷って定まらない」「あれこれと考えない」などの意味になる。

例 かたち・心ざまよき人も、ざえなくなりぬれば、

(徒然草)

→ 容貌や気立てのよい人であっても、**学問**がないということになってしまうと、

参 「ざえ」という読み方に注意。教養の中心であった漢詩文などの学問や技芸を指す。

例 皆人、酒の気ありて、さかしき人もなかりしかば、

(宇津保物語)

→ 誰もが皆、酒に酔っている様子で、**しっかりしている**人もいなかったので、

参 周りの状況を見て、的確な判断を下せるような、しっかりしたさま。

例 「さはる事ありてまからで」なども書けるは、「花を見て」といへるに劣れる事かは。(徒然草)

→ 「**差しつかえる**事があって(花見に)行きませんで」とも書いてあるのは、「花を見て」と言っていることに劣ることだろうか、いや、劣らない。

参 物事を進める上で障害のあること。現代語でも「体にさわる」という言い方をする。

例 花の散り、月の傾くを慕ふならひはさる事なれど、

(徒然草)

→ 花が散り、月が沈んでいくのを惜しみ慕う習慣は、**もっともな**ことであるが、

参 ❷が基本の意味であるが、よく意味が問われるのは❶である。

71

161 しな
[品・科]

名 ❶地位・身分
❷品位・品格

しなそろえ
身分の高い
人招く

162 しるし
[著し]

形 ❶はっきりしている・目立っている ❷予想通りだ

しるし付け
はっきりしてる
男女別

163 すごし
[凄し]

形 ❶荒れ果てて物寂しい
❷恐ろしい・気味が悪い

夜すごし
物寂しくて
恐ろしい

164 せうそこ
[消息]

名 ❶手紙・便り・伝言
❷訪問すること

せうそこ(消息)の
途絶えた兄に
手紙書く

165 そうす
[奏す]

動 ❶謙 (天皇に)申し上げる

そうすべき
皆天皇に
申し上げ

例 しなの高さにても、才芸のすぐれたるにても、先祖の誉れにても、人にまされりと思へる人は、（徒然草）
→ 身分の高さでも、学問芸能の優れていることでも、先祖の名誉でも、他人より勝っていると思っている人は、

参 もとは地形の高低差を表す語で、「階段」の意でも用いられる。そこから、❶や❷のような意味も生まれた。

例 帥殿いたく臆し給へる御けしきのしるきを、をかしくもまたさすがにいとほしくも思されて、（大鏡）
→ 帥殿（伊周）が気おくれしていらっしゃるご様子がはっきりしているので、（道長は）おもしろくもまた、さすがに気の毒にも思われて、

参 「前兆」、「御利益」の意の名詞「しるし（験）」もあるので注意。

例 琴をすこし掻き鳴らし給へるが、われながら、いとすごう聞こゆれば、（源氏物語）
→ 琴を少し掻き鳴らしなさった（その音）が、我ながら、たいそう物寂しく聞こえるので、

参 ぞっとしたり、思わず息をのんだりするような感じ。現代語の「すごい」は「すごし」の「ぞっとするほど素晴らしい」の意味に近い。

例 心には忘れずながら、せうそこなどもせで久しくはべりしに、（源氏物語）
→ （頭中将は）心では（その女を）忘れずにいながら、手紙なども出さずに長い間おりましたところ、

参 「しょうそこ」と読む。「消」は死を、「息」は生を意味することから、人の安否を問う意となる。「せうそこす」で動詞として用いられる。

例 「よきにそうしたまへ、啓したまへ」など言ひても、得たるはいとよし、（枕草子）
→ 「（天皇に）よろしく申し上げてください、（皇后によろしく）申し上げてください」などと頼んでも、（望み通りの官職を）得た人はよいが、

参 天皇や上皇に対して用いる。皇后や皇太子に対して用いる「啓す」と対にして覚えよう。

73

166 たのむ
[頼む]

動 ❶四 あてにする・頼る
❷下二 あてにさせる

金たのむ
親あてにして
手紙出す

167 たふ
[堪ふ・耐ふ]

動 ❶我慢する・こらえる

たふ(タフ)なやつ
フルマラソンも
我慢する

168 たまはる
[賜る・給はる]

動 ❶謙 頂く・頂戴する
❷尊 お与えになる

たまはる(たまわる)は
人から何か
頂戴す

169 つゆ〜(打消語)
[露]

副 ❶打消 全く・全然・少しも(〜ない)

つゆ知らず
全くないとは
食べ物が

170 ときめく
[時めく]

動 ❶時勢に乗って栄える・栄えている
❷寵愛を受ける

ときめくわ
恋が栄えて
花咲いて

例 初心の人、二つの矢を持つことなかれ。後の矢を**たのみ**て、はじめの矢になほざりの心あり。（徒然草）

→初心者は、二本の矢を持ってはいけない。後の矢を**あてにし**て、初めの矢をおろそかにする気持ちが生じる。

参 現代語の「お願いをする」ではない。活用の種類によって、意味が違うので注意しよう。

例 暑きころわろき住居は、**たへ**がたきことなり。

（徒然草）

→夏の暑いころに（住むのに）不適当な住居は、**我慢し**がたいものである。

参 現代語の「耐える」とほぼ同じだと考えればよい。

例 ただ人も、舎人などたまはるきははゆゆしと見ゆ。（徒然草）

→普通の貴族でも、朝廷から随身などを**頂く**身分の人は、素晴らしいと思われる。

参 元は❶の意味だったが、「たまふ」と混同されて❷の意味が生じた。

例 木の葉に埋もるる懸樋の雫ならでは、**つゆ**おとなふものなし。（徒然草）

→木の葉に埋まっている懸け樋のしたたり落ちる水滴以外には、**全く**音を立てるものが**ない**。

参 「さらに」と同じような意味で使われるので、セットで覚えよう（p.97参照）。

例 さわがしう**ときめき**たるところに、うちふるめきたる人の、おのがつれづれ暇多かるならひに、（枕草子）

→人の出入りが多く**時勢に乗って栄え**ている人の所に、時代遅れで年をとった人が、自分が何もすることがなく、暇のあるのに任せて、

参 現代語の「心ときめく」のような意味はない。

171 とく
[疾く]

副　❶早く・早速・急に

とくとくと
コップに早く
酒をつぐ

172 なごり
[名残]

名　❶余情・余韻　❷人と別れた
あとに残る面影・心残り

なごり惜し
旅の余情を
かみしめる

173 なめし

形　❶無礼だ・失礼だ・無作法だ

ケチなめし(飯)
殿に出すとは
無礼なり

174 なやむ
[悩む]

動　❶わずらう・病気で苦しむ
❷苦しむ・困る

なやむこと
多いと苦し
わずらうよ

175 にくし
[憎し]

形　❶気にいらない・しゃくにさわる
❷醜い・見苦しい

言いにくし
しゃくにさわるが
好きな人

例 御送りして、とく往なむと思ふに、大御酒賜ひ、禄賜はむとて、つかはさざりけり。（伊勢物語）

→ お送りして、早く帰ろうと思っているのに、（惟喬親王は）お酒をくださったり、ご褒美をくださろうとしたりして、お帰しにならなかった。

参 形容詞「疾し（時期が早い）」の連用形が、副詞になったもの。

例 暁がたより、さすがに音なくなりぬるこそ、年のなごりも心ぼそけれ。（徒然草）

→ （大晦日の大騒ぎも）明け方からは、やはり（正月らしく）静かになってしまうのこそ、（去りゆく）年の余情が身にせまり、寂しく感じられる。

参 何か事があったあとに残る気分や様子。現代語とほぼ同じと考えてよいが、「余情」という意味を覚えておこう。

例 文ことばなめき人こそいとにくけれ。（枕草子）

→ 手紙の言葉遣いの無礼な人はほんとうに憎らしい。

参 相手の感じの悪い態度をいう。

例 身にやむごとなく思ふ人のなやむを聞きて、

（枕草子）

→ 自分にとって大切に思う人が病気で苦しむのを聞いて、

参 古語では、精神的な苦痛より、病気などの肉体的苦痛の意で、多く用いられる。

例 にくきもの。急ぐことあるをりに来て長言するまらうど。（枕草子）

→ しゃくにさわるもの。（こちらが）急用のある時に来て、長話をする客。

参 不快感を表す言葉であるが、現代語のような憎悪の感情はない。

176 にほふ
[匂ふ]

動 ❶照り輝く・美しく照り映える ❷香る

花にほふ（匂う）
色も輝き
美しい

177 のたまふ
[宣ふ・曰ふ]

動 ❶尊 おっしゃる

のたまふは
言ふの尊敬
おっしゃるだ

178 ひがこと
[僻事]

名 ❶誤り・間違い ❷悪事・道理に外れたこと

ひ(日)がこ(5)とは
ひ(日)の間違いだ
すぐ直せ

179 ふびんなり
[不便なり]

形動 ❶不都合だ・具合が悪い ❷かわいそうだ・気の毒だ

ふびんなり
ああ、不都合な
ことばかり

180 ほい
[本意]

名 ❶本来の意志・意向・目的

ほいほいと
他に流されず
意志を持て

78

176 ～ 180

part 1
part 2
part 3
part 4
さくいん

例 **あをによし**奈良の都は咲く花の**にほふ**がごとく今盛りなり（万葉集）

→奈良の都は咲き誇る花が**美しく照り映える**ように、今繁栄の盛りであるよ。

参 もともとは色が美しく映える視覚的な美しさを表現した語。名詞「にほひ」もつやのある美しさ・美しい色合いを表す。

例 翁、「うれしく**ものたまふ**ものかな」と言ふ。
（竹取物語）

→翁は「うれしいことを**おっしゃる**ものだなあ」と言う。

参 「言ふ」の尊敬語。より敬意が高い語に「のたまはす」がある。

例 よろづにへつらひ、望みふかきを見て、**無下**に思ひくたすは、**ひがこと**なり。（徒然草）

→万事にわたって（他人に）こびへつらい、欲が深いのを見て、むやみに軽蔑するのは、**誤り**である。

参 「ひが」は「間違っている」などの意を表す接頭語。それが軽いことならば「誤り」で、重いことならば「悪事」となる。

例 御供に人も侍はざりけり。**ふびん**なるわざかな。
（源氏物語）

→御供には誰もお仕えしていません。**不都合な**ことであるなあ。

参 物事の対処の仕方に対し、不都合である気持ちを表す。

例 ゆかしかりしかど、神へ参るこそ**ほい**なれと思ひて、山までは見ず。（徒然草）

→行ってみたかったのだが、神社へ参拝するのが**本来の目的**なのだと思って、山（の上）までは見なかった。

参 こうしたい、ああしたいと思っていた元々の意向や目的。

79

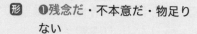

| □ 181 **ほいなし** [本意無し] | 形 | ❶残念だ・不本意だ・物足りない |

にほい(匂)なし
こんなマツタケ
残念だ

| □ 182 **まうづ** [参づ・詣づ] | 動 | ❶謙 参上する・うかがう
❷参拝する |

まうづっと(もうずっと)
あなた参上
するを待ち

| □ 183 **まかづ** [罷づ] | 動 | ❶謙 退出する・さがる
❷謙 参る |

髪まかづ(巻かず)
無礼と宮中
退出す

| □ 184 **まかる** [罷る] | 動 | ❶謙 (貴所から)退出する・さがる
❷謙 参る |

へそまかる(曲がる)
社長の部屋を
退出す

| □ 185 **まだし** [未だし] | 形 | ❶未熟だ・不十分だ
❷まだ時期が早い |

まだしらぬ(知らぬ)
ことが多すぎ
未熟だよ

例 過ぎ別れぬること、返す返すほいなくこそ覚えはべれ。（竹取物語）
→ ここを去って別れてしまうことは、つくづく残念に思われます。

参 自分の思いや期待に反する状態に対して抱く、しっくりこない感情。

例 いみじうしのびたまひければ、知り侍らで、ここに侍りながら、御とぶらひにもまうでざりける。（源氏物語）
→ （源氏は）たいそうお忍びなさっているので、知りませんで、ここにおりながら、お見舞いにも参上しませんでした。

参 高貴な場所へ参上するの意。次の「まかづ」と対にして覚えよう。

例 その年の夏、御息所、はかなき心地にわづらひて、まかでなむとしたまふを、（源氏物語）
→ その年の夏、御息所（桐壺更衣）は、ちょっとした病気にかかって、（実家へ）退出しようとなさるのを、

参 高貴な場所から退出する意。次の「まかる」に、「出づ（出る）」のついた「まかりいづ」からできた語。

例 憶良らは今はまからむ子泣くらむそれその母も我を待つらむそ（万葉集）
→ （この私）憶良はもう今は退出しよう。家では子どもが泣いているでしょう。それにその子の母も私を待っていることでしょう。

参 ❶は高貴な場所から退出する意。❷は「行く」の謙譲語である。

例 宮内はまだしかるべけれども、けしうはあらずとみゆめればなん。（増鏡）
→ 宮内卿は（歌人として）未熟だけれども、たいして悪くはないと思われるので（歌会仲間に入れたのである）。

参 「またし」という語もあり、これは「全し」と書き、「完全だ」の意味。これと反対の意味になるので注意しよう。

81

☐ 186 **まどふ** [惑ふ]	動	❶心が乱れる・思い悩む ❷慌てる・うろたえる

まどふ(まどう)ほど
心乱れる
恋の道

☐ 187 **まめなり** [忠実なり・実なり]	形動	❶誠実だ・真面目だ ❷実用的だ

まめな人
仕事真面目で
誠実だ

☐ 188 **まもる** [守る・護る]	動	❶じっと見つめる・見守る ❷成り行きをうかがう

ひなまもる
敵を見つめる
親の愛

☐ 189 **みやび** [雅び]	名	❶上品で優雅なこと・風流

みやびやか
優雅な京の
舞妓さん

☐ 190 **やる** [遣る]	動	❶行かせる　❷(手紙や物を) 送る・届ける

やる気ある
人を行かせる
こちらから

例 いかでこのかぐや姫を得てしがな、見てしがなと、音に聞き、めでてまどふ。(竹取物語)
→ 何とかして、このかぐや姫を手に入れたいものだなあ、見たいものだなあと、うわさを聞いて、恋い慕い**心が乱れる**。

参 現代語と同じ「進路や判断に迷う」の意味でも用いられる。

例 心もまめならざりけるほどの家刀自まめに思はむといふ人につきて、人の国へいにけり。(伊勢物語)
→ (男の)心が**誠実**でなかったころの(その家の)妻が、誠実に愛してあげようという他の男に従って、よその国へ行ってしまった。

参 浮ついた感じがなく誠実なさま。同意語に「まめまめし」「まめやかなり」などがある。

例 花の本には、ねぢ寄り立ち寄り、あからめもせずまもりて、酒飲み、(徒然草)
→ (花見の時)桜の木のそばには、(人をかき分けて)にじり寄って近寄り、わき目もふらず**じっと見つめて**、酒を飲み、

参 目を離さずじっと見つめる意。現代語と同じ意味で用いられることもあるが、用例は少ない。

例 昔人は、かくいちはやきみやびをなむしける。(伊勢物語)
→ 昔の人は、このように激しい(恋の思いを詠み込んだ歌のように)**風流なこと**をしたものであった。

参 宮廷風で洗練された貴族的な美をいう。

例 人をやりて見するに、おほかた、逢へる者なし。(徒然草)
→ (一条室町に鬼がいるというので)人を**行かせて**様子を見させたところ、全然、(鬼に)逢った人がいない。

参 「遣す」と「遣る」は反対で、「遣す」がむこうからこちらによこすに対し、「遣る」はこちらから向こうへやる。

| 191 | ゆくりなし | 形 | ❶突然だ・不意である・思いがけない |

ゆくり（ゆっくり）なし
不意にお客が
たずね来て

| 192 | ゆゑ [故] | 名 | ❶理由・原因・事情 ❷風情・趣（おもむき） |

若いゆゑ（故）
理由のつかぬ
こともする

| 193 | よしなし [由無し] | 形 | ❶つまらない ❷理由がない |

もよし（催し）なし
楽しみがなく
つまらない

| 194 | よろし [宜し] | 形 | ❶まあまあよい・好ましい |

よろしいよ
味も見た目も
まあまあだ

| 195 | わたる [渡る] | 動 | ❶行く・来る・通る ❷尊 いらっしゃる |

橋わたる
行く・来る人が
通り過ぎ

例 ゆくりなく風吹きて、漕げども漕げども、後へし
ぞきにしぞきて、(土佐日記)
→ 不意に風が吹いて、漕いでも漕いでも、(船は) 後方へさがりにさがっ
て、

参 思いがけないことが突然起こる感じ。「ゆくりもなし」の形もある。

例 四月つごもりがた、さるべきゆゑありて、東山な
る所へうつろふ。(更級日記)
→ 四月の末ごろ、しかるべき事情があって、東山にある家に移った。

参 ❶が基本義だが、「ゆゑあること (何か趣のあること)」のように❷の意
味でも多く用いられる。

例 昔より、よしなき物語、歌のことをのみ心にしめ
て、夜昼思ひて、おこなひをせましかば、(更級日記)
→ 昔から、つまらない物語や歌のことばかりに心を奪われないで、夜
昼一心に、仏道の修行をしていたならば、

参 名詞の「よしなしごと」は、とりとめもないつまらないことの意。

例 よろしうよみたると思ふ歌を、人のもとにやりた
るに、返しせぬ。(枕草子)
→ まあまあよく詠めたと思う歌を、人の所へ送ったのに、返事をよこ
さない (のは興ざめだ)。

参 「よし」が絶対的によい評価であるのに対し、「よろし」は「悪くはない」
程度のよさ。対義語は「わろし」。「よし」の対義語は「あし」。

例 むかし、宮の内にて、ある御達の局の前をわたり
けるに、(伊勢物語)
→ 昔、宮中で、(男が) ある高貴な女房の部屋の前を通った時に、

参 ❷は「あり」の尊敬語で、「渡らせたまふ」のように用いられ、「お渡り
になる」「〜いらっしゃる」「おられる」「おありになる」の意となる。

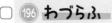

196 わづらふ 　動　❶困る・苦しむ・思い悩む
[煩ふ] 　　　　　❷病気になる

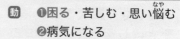

わづらふ (わずらう) と
家族も困り
苦労する

197 わぶ 　動　❶思い悩む・嘆く
[侘ぶ] 　　　　　❷困る・当惑する

かわぶね (川船) を
思い悩んだ
翁漕ぐ

198 わろし 　形　❶よくない・ぱっとしない・
[悪し] 　　　　　好ましくない

腕わろし
コックとしては
ぱっとせず

199 るる 　動　❶(居る) 座る・座っている
[❶居る／❷率る] 　❷(率る) 引き連れる

道にるる (いる)
座っているは
地蔵様

200 をこがまし 　形　❶馬鹿らしい・間が抜けている
[痴がまし] 　　　　❷差し出がましい

をこがまし (おこがまし)
人のうわさよ
馬鹿らしい

例 身ののちには、金をして北斗をささふとも、人の ためにぞわづらはるべき。（徒然草）

→ 死んだあとには、黄金を積み上げて北斗星を支える（ほどの財を残した）としても、あとに残った者にとっては**思い悩む**ものとなるであろう。

参 精神的に苦しんだり、何か障害となることがあって、苦労したりすること。

例 限りなく遠くも来にけるかなと、**わびあへるに**、

（伊勢物語）

→ 果てしなく遠くまでもやって来たものだなあと（皆で）**嘆きあって**いると、

参 物事に行き詰まり、思い煩ったり、嘆いたりすることを表す。

例 昼になりて、ぬるくゆるびもていけば、火桶の火 もしろき灰がちになりて**わろし**。（枕草子）

→ 昼になって、寒さが次第に和らいでゆくと、火桶の火も白い灰が目立つようになって**よくない**。

参 優→良→可→不可を順に古語では、「よし」→「よろし」→「わろし」 →「あし」という。

例 それを見れば、三寸ばかりなる人、いとうつくし うて**ゐたり**。（竹取物語）

→ それ（光っている竹）を見ると、三寸ほどの人が、大変かわいらしい姿で**座っていた**。

参 ❶の意味は、「居る」と書き、❷の意味は、「率る」と書く。全く別の語である。

例 世俗のそらごとを、ねんごろに信じたるも**をこがましく**、（徒然草）

→ 俗世間の嘘を、一途に信じ込んでいるのも**馬鹿らしく**、

参 「愚かなこと」の意の「をこ」に、「〜らしい」という意味を持つ接尾語 「がまし」がついた形。

●───部の古語の訳を答えなさい。

解答

☐ ⑬ いにしへを考ふること、さらに一人二人の力もて、ことごとく<u>あきらめ</u>つくすべくもあらず。

明らかにし

☐ ⑬ おほやう、人を見るに、少し心あるきはは、みなこの<u>あらまし</u>にてぞ、一期は過ぐめる。

予定

☐ ⑬ かぐや姫のかたち<u>いう</u>におはすなり。

優れて

☐ ⑬ 闇にくれてふし沈みたまへるほどに、草も高くなり、野分に<u>いとど</u>荒れたる心地して、

ますます

☐ ⑭ 聞きしよりもまして、<u>いふかひなく</u>ぞこぼれ破れたる。

どうしようもなく

☐ ⑭ げにかばかりの祝の御事、また今日になりてとまらむも<u>いまいましき</u>に、

不吉な

☐ ⑭ いとやむごとなき<u>きは</u>にはあらぬが、すぐれて時めきたまふありけり。

身分

☐ ⑮ 立ち聞き、かいまむ人の<u>けはひ</u>して、いといみじくものつつまし。

様子

☐ ⑮ 石階おりのぼりなどすれば、ありく人<u>こうじて</u>、いと苦しうするまでなりぬ。

疲れ

☐ ⑮ <u>こころなし</u>とみゆる者も、よき一言はいふものなり。

思慮がない

☐ ⑱ 皆人、酒の気ありて、<u>さかしき</u>人もなかりしかば、

しっかりしている

☐ ⑲ 「<u>さはる</u>事ありてまからで」なども書けるは、「花を見て」といへるに劣れる事かは。

差しつかえる

☐ ⑯ <u>しな</u>の高さにても、才芸のすぐれたるにても、先祖の誉れにても、人にまされりと思へる人は、

身分

☐ ⑯ 琴をすこし掻き鳴らし給へるが、われながら、いと<u>すごう</u>聞こゆれば、

物寂しく

☐ ⑯ 心には忘れずながら、<u>せうそこ</u>などもせで久しくはべりしに、

手紙

☐ ⑯ 初心の人、二つの矢を持つことなかれ。後の矢をたのみて、はじめの矢になほざりの心あり。 — あてにし

☐ ⑯ 暑きころわろき住居（すまひ）は、たへがたきことなり。 — 我慢し

☐ ⑯ ただ人も、舎人（とねり）などたまはるきははゆゆしと見ゆ。 — 頂く

☐ ⑰ さわがしうときめきたるところに、うちふるめきたる人の、おのがつれづれ暇（いとま）多かるならひに、 — 時勢に乗って 栄えて

☐ ⑰ 御送りして、とく往（ゆ）なむと思ふに、大御酒（おほみき）賜（たま）ひ、禄（ろく）賜（たま）はむとて、つかはさざりけり。 — 早く

☐ ⑰ 暁（あかつき）がたより、さすがに音なくなりぬるこそ、年のなごりも心ぼそけれ。 — 余情

☐ ⑰ にくきもの。急ぐことあるをりに来て長言するまらうど。 — しゃくにさわる

☐ ⑰ 御供（おとも）に人も侍（さぶら）はざりけり。ふびんなるわざかな。 — 不都合な

☐ ⑱ ゆかしかりしかど、神へ参るこそほいなれと思ひて、山までは見ず。 — 本来の目的

☐ ⑱ いかでこのかぐや姫を得てしがな、見てしがなと、音に聞き、めでてまどふ。 — 心が乱れる

☐ ⑲ 四月つごもりがた、さるべきゆゑ（ゆゑ）ありて、東山なる所へうつろふ。 — 事情

☐ ⑲ 昔より、よしなき物語、歌のことをのみ心にしめで、夜昼思ひて、おこなひをせましかば、 — つまらない

☐ ⑲ よろしうよみたると思ふ歌を、人のもとにやりたるに、返しせぬ。 — まあまあよく

☐ ⑲ 身ののちには、金をして北斗（ほくと）をささふとも、人のためにぞわづらはるべき。 — 思い悩む

☐ ⑲ 昼になりて、ぬるくゆるびもていけば、火桶（ひをけ）の火もしろき灰がちになりてわろし。 — よくない

89

part3 まとめて覚えたい古文単語

一語ずつ古文単語を覚えることが苦手な時は
何か共通点などでまとめて覚えてみましょう。

意味を間違えやすい単語

あいなし
形 ▶ ① ／ ○❶気にくわない ／ ✕愛情が感じられない

あからさまなり
形動 ▶ ② ／ ○❶ほんのちょっと ❷急だ ／ ✕隠さずありのまま

あきらむ [明らむ]
動 ▶ ⑬ ／ ○❶明らかにする ❷心のくもりを晴らす ／ ✕あきらめる・断念する

あくがる [憧る]
動 ▶ ⑬ ／ ○❶さまよい出る ❷心が離れる ／ ✕憧れる

あさまし
形 ▶ ③ ／ ○❶驚きあきれる ❷情けない ／ ✕いやしい(江戸時代以降は使われた)

あたらし [惜し]
形 ▶ ⑦ ／ ○❶もったいない・惜しい ／ ✕新しい・初めてである

あてなり [貴なり]
形動 ▶ ⑨ ／ ○❶高貴だ ❷上品だ ／ ✕頼りである

あやし [❶・❷賎し]
形 ▶ ⑫ ／ ○❶身分が低い ❷粗末だ ／ ✕疑わしい・得体が知れない

ありがたし [有り難し]
形 ▶ ⑭ ／ ○❶めったにない・珍しい ／ ✕感謝したい(江戸時代以降は使われた)

いぶせし
形 ▶ ⑭ ／ ○❶気が晴れない・うっとうしい ／ ✕物を燃やして煙が出るようにする

おこす [遣す]
動 ▶ ㉞ ／ ○❶こちらによこす・送ってくる ／ ✕起こす・興す

90

☐ **おぼろけなり** 形動 ▶ 47	○❶普通だ ❷打消 並大抵でない ×はっきりしないさま	
☐ **かたはらいたし** 【傍ら痛し】 形 ▶ 53	○❶みっともない ❷気の毒だ ×笑止千万だ(「片腹痛し」では使われる)	
☐ **かなし** 【愛し】 形 ▶ 55	○❶いとしい ❷心ひかれる ×悲しい・心が痛む	
☐ **ここら** 【幾許】 副 ▶ 61	○❶たくさん ❷たいそう ×この辺	
☐ **こころぐるし** 【心苦し】 形 ▶ 63	○❶気の毒だ ❷つらい・心配だ ×すまなく思う	
☐ **こころにくし** 【心憎し】 形 ▶ 64	○❶奥ゆかしい・心ひかれる・上品だ ×憎らしい	
☐ **ことごとし** 【事事し】 形 ▶ 67	○❶おおげさだ・ものものしい ×あのこともこのことも全部	
☐ **さうざうし** 形 ▶ 69	○❶物足りない・心寂しい ×騒がしい・やかましい	
☐ **さはる** 【障る】 動 ▶ 159	○❶差しつかえる・妨げとなる ×触る	
☐ **さらなり** 【更なり】 形動 ▶ 74	○❶言うまでもない・もちろんだ ×まだ一度も使っていない	
☐ **しな** 【品・科】 名 ▶ 161	○❶地位・身分 ❷品位 ×品物	
☐ **しるし** 【著し】 形 ▶ 162	○❶はっきりしている ❷予想通りだ ×目印・著作する	

☐ **すさまじ** 〔凄じ〕 形 ▶ ⑦	○❶興ざめだ　❷殺風景だ ✕恐(おそ)ろしい	
☐ **すなはち** 〔即ち・則ち・乃ち〕 副 ▶ ⑧	○❶すぐに・即座(そくざ)に ✕つまり(接続詞の場合は○)	
☐ **せうそこ** 〔消息〕 名 ▶ ⑯	○❶手紙・便り・伝言　❷訪問すること ✕安否・様子	
☐ **たふ** 〔堪ふ・耐ふ〕 動 ▶ ⑯	○❶我慢(がまん)する・こらえる ✕頑丈(がんじょう)なさま	
☐ **つきづきし** 〔付き付きし〕 形 ▶ ⑧	○❶ふさわしい・似つかわしい ✕毎月	
☐ **つとめて** 名 ▶ ⑧	○❶早朝　❷翌朝 ✕努める・勤める・務める	
☐ **ときめく** 〔時めく〕 動 ▶ ⑰	○❶時勢に乗って栄える　❷寵愛(ちょうあい)を受ける ✕心が躍(おど)る	
☐ **とく** 〔疾く〕 副 ▶ ⑰	○❶早く・早速・急に ✕得だ・特に	
☐ **としごろ** 〔年頃・年比〕 名 ▶ ⑨	○❶長年の間・数年来 ✕一人前の年齢(ねんれい)・結婚(けっこん)適齢期	
☐ **とみに** 〔頓に〕 副	○❶ 打消 すぐには ✕富む・裕福(ゆうふく)に・特に	
☐ **なかなか** 〔中中〕 副 ▶ ⑨	○❶かえって　❷なまじっか ✕かなり(中世後期以降は使われた)	
☐ **にくし** 〔憎し〕 形 ▶ ⑰	○❶しゃくにさわる　❷醜(みにく)い ✕憎(にく)み嫌(きら)う	

にほふ 〔匂ふ〕 動 ▶ ⑯	○❶照り輝く ❷香る × 嫌な臭いがする		
はかなし 〔果無し・果敢無し〕 形 ▶ ⑩	○❶頼りない ❷ちょっとしたことである × むなしく消えていくさま		
はかばかし 〔果果し・捗捗し〕 形 ▶ ⑩	○❶しっかりしている × 馬鹿馬鹿しい		
まゐる 〔参る〕 動 ▶ ⑩	○❶謙 参上する ❷尊 召し上がる × 降参する		
むつかし 〔難し〕 形 ▶ ⑫	○❶不快だ ❷面倒だ × 困難である(江戸時代以降は使われた)		
めざまし 〔目覚まし〕 形 ▶ ⑬	○❶気にくわない ❷立派だ × 目を覚ますこと・目を覚まさせるもの		
めやすし 〔目安し・目易し〕 形 ▶ ⑰	○❶感じがよい・見苦しくない × 目安になる・見えやすい		
やさし 〔優し・恥し〕 形 ▶ ⑫	○❶優雅だ・優美だ ❷つらい × 穏やかだ		
ゆかし 形 ▶ ⑬	○❶心がひかれる × 縁がある		
ゆくりなし 形 ▶ ⑲	○❶突然だ・不意である × ゆっくりできない		
よしなし 〔由無し〕 形 ▶ ⑲	○❶つまらない ❷理由がない × よしなに、よいように		
わりなし 形 ▶ ⑱	○❶無理だ ❷どうしようもない × 割に合わない		

セットで覚えたい単語

❶ **あし** 〔悪し〕	形 ▶ ④	❶悪い・不快だ・醜い	
❷ **よし** 〔良し・好し・善し〕	形 ▶ ⑫	❷優れている・美しい・賢い	

❶ **あはれなり**	形動 ▶ ⑪	❶しみじみとした趣がある
❷ **をかし**	形 ▶ ⑫	❷趣深い・風情がある

参 「あはれ」は、しみじみとした感動。「をかし」は明るく知性的な情趣。

❶ **あらまほし**	形 ▶ ⑬	❶理想的だ・望ましい
❷ **あらまし**	名 ▶ ⑬	❷予定・計画・将来の希望

参 「荒々しい」の意の形容詞「荒まし」もある。

❶ **ありく** 〔歩く〕	動 ▶ ⑬	❶動き回る・あちこち移動する
❷ **あゆむ** 〔歩む〕	動	❷一歩一歩足を運ぶ

参 「ありく」は人以外（動物・車・舟など）にも用いる。

❶ **あるじ** 〔主・主人／饗〕	名 ▶ ⑯	❶主人／客をもてなすこと
❷ **まらうと** 〔客人〕	名	❷客・たまに来る人

❶ **いさ**	感動 ▶ ⑬	❶さあ・いやあ（答えにくいことをぼかす時に発する語）
❷ **いざ**	感動	❷さあ（人を誘う時や何かを始める時に発する語）

❶ **うしろめたし** 〔後ろめたし〕	形 ▶ ㉖	❶心配だ・気がかりだ
❷ **うしろやすし** 〔後ろ安し〕	形	❷安心だ・頼もしい

参 対義語である。

| ❶ **おこす** [遣す] 動 ▶ 34 | ❶こちらによこす・送ってくる |

| ❷ **やる** [遣る] 動 ▶ 190 | ❷行かせる／(手紙や物を)届ける |

参 対義語である。

| ❶ **おほかた～(打消語)** [大方] 副 ▶ 42 | ❶打消 全く・少しも(～ない) |

| ❷ **さらに～(打消語)** [更に] 副 ▶ 75 | ❷打消 決して・全く(～ない) |

| ❸ **つゆ～(打消語)** [露] 副 ▶ 169 | ❸打消 全く・少しも(～ない) |

| ❶ **けしき** [気色] 名 ▶ 59 | ❶(人や自然の)様子・状態・気配 |

| ❷ **けはひ** 名 ▶ 152 | ❷様子／雰囲気・感じ |

参 「けしき」は視覚的にとらえたありさま。「けはひ」は視覚ではとらえられない漠然とした雰囲気。

| ❶ **としごろ** [年頃・年比] 名 ▶ 91 | ❶長年の間・数年来 |

| ❷ **つきごろ** [月頃・月比] 名 | ❷数ヵ月の間・数ヵ月来 |

| ❸ **ひごろ** [日頃・日比] 名 | ❸何日もの間・数日間 |

参 年、月、日などに「ごろ」をつけると「数○もの間」の意味となる。

| ❶ **まうづ** [参づ・詣づ] 動 ▶ 182 | ❶謙 参上する／参拝する |

| ❷ **まかづ** [罷づ] 動 ▶ 183 | ❷謙 退出する・さがる／謙 参る |

参 対義語である。

| ❶ **よろし** [宜し] 形 ▶ 194 | ❶まあまあよい・好ましい |

| ❷ **わろし** [悪し] 形 ▶ 198 | ❷よくない・ぱっとしない |

参 絶対的なよし悪しではなく、まあまあの感じ。

覚えたい敬語

- [ ] **おはす**
【御座す】 動 ▶㊶
❶ 尊 いらっしゃる
❷ 補動 尊 〜ていらっしゃる

- [ ] **おぼす**
【思す】 動 ▶㊸
❶ 尊 お思いになる

- [ ] **きこしめす**
【聞こし召す】 動 ▶(147)
❶ 尊 お聞きになる
❷ 尊 召(め)し上がる

- [ ] **きこゆ**
【聞こゆ】 動 ▶(56)
❶ 謙 他 申し上げる
❷ 補動 謙 〜申し上げる

- [ ] **けいす**
【啓す】 動 ▶(150)
❶ 謙 (皇后(こうごう)・皇太子などに)申し上げる

- [ ] **さぶらふ**
【候ふ・侍ふ】 動 ▶(73)
❶ 謙 お仕えする・おそばにいる
❷ 丁 ございます・おります

- [ ] **そうす**
【奏す】 動 ▶(165)
❶ 謙 (天皇に)申し上げる

- [ ] **たてまつる**
【奉る】 動 ▶(82)
❶ 謙 差し上げる
❷ 尊 召し上がる・お召しになる

- [ ] **たまはる**
【賜る・給はる】 動 ▶(168)
❶ 謙 頂く・頂戴(ちょうだい)する
❷ 尊 お与(あた)えになる

- [ ] **たまふ**
【給ふ・賜ふ】 動 ▶(83)
❶ 尊 お与えになる・くださる
❷ 補動 尊 お〜になる(なさる)

- [ ] **のたまふ**
【宣ふ・日ふ】 動 ▶(177)
❶ 尊 おっしゃる

- [ ] **はべり**
【侍り】 動 ▶(106)
❶ 謙 お仕えする
❷ 丁 あります・おります

☐ **まかづ** [罷づ]	動 ▶ 183	❶ 謙 退出する・さがる ❷ 謙 参る
☐ **まかる** [罷る]	動 ▶ 184	❶ 謙 (貴所から)退出する・さがる ❷ 謙 参る
☐ **まゐる** [参る]	動 ▶ 110	❶ 謙 参上する・出仕する ❷ 尊 召し上がる

🔖 呼応の副詞

☐ **いと~(打消語)** [甚]	副 ▶ 21	❶ 打消 たいして・それほど(~ない)
☐ **え~(打消語)**	副 ▶ 32	❶ 打消 ~することができない
☐ **おほかた~(打消語)** [大方]	副 ▶ 42	❶ 打消 全く・少しも(~ない)
☐ **さらに~(打消語)** [更に]	副 ▶ 75	❶ 打消 決して・全く(~ない)
☐ **つゆ~(打消語)** [露]	副 ▶ 169	❶ 打消 全く・全然・少しも(~ない)
☐ **な~(そ)**	副 ▶ 92	❶ (禁止) ~してくれるな・~するな
☐ **ゆめ~** [勤・努]	副	❶ (禁止)決して~するな ❷ 打消 全く・少しも(~ない)
☐ **ささをさ~(打消語)**	副 ▶ 130	❶ 打消 少しも・ほどんど・決して(~ない)

97

陰暦の月の異名／月齢と呼び名

むつき	睦月	1月
きさらぎ	如月	2月
やよひ(い)	弥生	3月
うづき	卯月	4月
さつき	皐月	5月
みなづき	水無月	6月
ふ(ふみ)づき	文月	7月
はづき	葉月	8月
ながつき	長月	9月
かみ(ん)なづき	神無月	10月
しもつき	霜月	11月
しは(わ)す	師走	12月

● 古文は陰暦(旧暦)のため、現在の太陽暦と3年で約1ヵ月のずれが生じる。
たとえば、松尾芭蕉が『おくのほそ道』の旅に出たのは、「弥生も末の七日」、陰暦の3月27日(元禄2年)のことである。新暦にするとこの年は5月中旬にあたり、暖かく天候も安定する時期に、東北へ向かったということになる。
左の表は陰暦の月の異名を表す。

● 新月を起点として次の新月までの期間を一日単位で数え、月の満ち欠けの度合いを表したものを月齢という。一つの周期は約29.5日である。
下の表は月の呼び名と月齢を表す。

もちづき	望月	満月。月齢は約十五日。
いざよひ(い)づき	十六夜月	約十六日目の月。
たちまちづき	立待月	約十七日目の月。
ゐ(い)まちづき	居待月	約十八日目の月。
ふしまちづき	臥待月	約十九日目の月。寝待ち月とも。
ありあけづき	有明月	夜明け後に残る十六日以降の月。

方位と時刻

（1） 方位について

北の方角を「子」とし、図のように、順に十二支で割り当てる。

北東は丑と寅の間なので「艮」と呼ぶ。同様に南東を「巽」、南西を「坤」、北西を「乾」と呼んだ。

陰陽道では「艮」と「坤」を不吉とし、それぞれ「鬼門」、「裏鬼門」と呼んだ。

十二支

子	鼠	ねずみ
丑	牛	うし
寅	虎	とら
卯	兎	うさぎ
辰	竜	たつ
巳	蛇	へび
午	馬	うま
未	羊	ひつじ
申	猿	さる
酉	鶏	にわとり
戌	犬	いぬ
亥	猪	いのしし

古代中国で時刻や方位を表すのに用いられた十二の動物の総称を十二支という。

（2） 時刻について

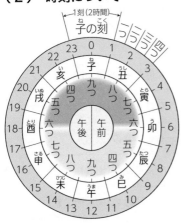

24時間を12分して、2時間ずつ、十二支で割り当てる。たとえば、「子」は、午後11時～午前1時まで、「午」は、午前11時～午後1時までを表す。

さらに、2時間を30分ずつ4つに分け、「子一つ」、「子二つ」などと呼んだ。

「丑三つ時」は午前2時～午前2時半までの時間を指した。

〔1〕 枕 詞

　歌全体の意味と関係なく、一定の語句を導き出し、それを飾る言葉。多くは五音からなり、音調を整えたり印象を強めたりする働きがある。

　あをによし奈良の都は咲く花のにほふがごとく今盛りなり

（万葉集）

（奈良の都は咲き誇る花が美しく照り映えるように、今繁栄の盛りであるよ。）

● **主な枕詞**　（　）は代表的な係る言葉

あかねさす（日・昼・紫・君）	さざなみの（大津・志賀・寄る）
あきつしま（大和）	しきしまの（大和）
あしひきの（山・峰）	しろたへの（衣・袖・袂・雪）
あづさゆみ（引く・張る・射る）	そらみつ（大和）
あまざかる（日・鄙・向かふ）	たまほこの（道・里）
あらたまの（年・月・日・春）	たらちねの（母・親）
あをによし（奈良）	ちはやぶる（神・氏・宇治）
いはばしる（垂水・滝・近江）	ぬばたまの（黒・闇・夜・夢）
うつせみの（命・世・人・身）	ひさかたの（光・天・空・月）
おほぶねの（頼む・津・渡り）	ももしきの（大宮）
からころも（着る・裁つ・袖・裾）	やくもたつ（出雲）
くさまくら（旅・露・夕・仮）	わかくさの（夫・妻・新）

〔2〕 序詞

　ある語を導き出すために創作された修飾句。七音以上から成る。枕詞はそれを受ける語が固定しているのに対し、序詞は一定せず、比喩や掛詞・同音語などの関係によって下の語に係っていく。

①比喩によって下の語に係るもの（「……のように」と訳す。）

　春霞たなびく山の桜花 みれどもあかぬきみにもあるかな

（古今和歌集）

（春霞がたなびく山の桜はいくら見ても飽きないように、いくら逢ってもまた逢いたいと思うあなたであることよ。）

②掛詞を利用して下の語に係るもの（「たつ」に二つの意味がある。）

　風吹けば沖つ白波たつた山夜半にや君がひとり越ゆらむ

（古今和歌集）

（風が吹くと沖の白波が立つ、その立つという名を持つ竜田山をこの夜中にあなたは一人で越えているのでしょうか。）

③同音語の反復により下の語に係るもの（「いづみ」と「いつみ」の反復。）

　みかの原わきて流るるいづみ川 いつみきとてか恋しかるらむ

（新古今和歌集）

（みかの原にわき流れる泉川ではないが、あの人をいつ見たというのでこんなに恋しいのだろうか。）

●枕詞と序詞の違い

枕　詞	序　詞
五音である(三音、四音もある)	七音以上で、音数に制限がない
固定的な語である	表現方法が多様である
ほとんどが初句に用いられる	二句または三句までが多い
決まった語に係る	決まった語に係らない

〔3〕 掛詞（懸詞）

同音の一つの言葉で、二つ以上の意味を表す技法。上下の句にかけて用いる。

花の色は移りにけりないたづらにわが身世に<u>ふる</u><u>ながめ</u>せしまに

（古今和歌集）

（桜の花は色あせてしまったことだなあ。咲いたかいもなく長雨が降り続いている間に。同じように、この私の容色も衰えてしまったことよ。むなしくこの世を過ごし、ぼんやり物思いにふけっていた間に。）

・「ふる」は、「降る」と「経る」、「ながめ」は、「長雨」と「眺め」の掛詞である。

●**主な掛詞**　（　　）内が掛けられる意味

あき（秋・飽き）	たつ（立つ・裁つ）
あふ（逢ふ・逢坂）	ながめ（眺め・長雨）
あま（天・尼）	なみ（波・無み）
あやめ（文目・菖蒲）	はる（春・張る）
いる（入る・射る）	ふみ（文・踏み）
うき（憂き・浮き）	ふる（降る・経る・振る）
おく（置く・起く）	まつ（松・待つ）
かり（雁・借り）	み（身・実）
かる（離る・枯る）	みるめ（海松布・見る目）
きく（菊・聞く）	よ（世・夜・節）
すむ（住む・澄む）	よる（夜・寄る）

〔4〕 体言止め

歌の句末を体言で終わらせる方法で、余韻や余情を感じさせる効果がある。歌の表現技法として意図的に用いられたのは、平安時代末からである。

駒とめて袖うち払ふかげもなし佐野のわたりの雪の夕暮れ

（新古今和歌集）

（乗ってきた馬をとめて、袖の雪を払う物陰もないことだ。この佐野のあたりの雪の夕暮れよ。）

〔5〕 句切れ

初句から第四句までのいずれかの句末で文を終止することをいう。終止する場所によって、「初句切れ」「二句切れ」「三句切れ」「四句切れ」という。また、二か所で句切れるものや、句切れのない歌もある。句末が終止形になっているところは、句切れがあると判断してよい。

①二句切れ

人はいさ心も知らず／ふるさとは花ぞ昔の香に匂ひける

（古今和歌集）

（あなたのほうは、さあ、どうだか、そのお心のうちはわかりません。しかし、昔なじみのこの地では、梅の花が昔のままに咲き匂っていることです。）

②三句切れ

見渡せば花も紅葉もなかりけり／浦のとまやの秋の夕暮れ

（新古今和歌集）

（はるかに見渡すと春の花や秋の紅葉もないことだ。海辺の茅葺きの小屋ばかりが見える秋の夕暮れであることよ。）

〔6〕 和歌に用いられるその他の修辞

縁　語	「波」と「寄る」のように、関係のある語を一首に詠み込む技法。
本歌取り	有名な古歌を自分の歌に取り入れて、表現効果を高める技法。

漢字	読み方	意　味
網 代	あじろ	冬に、氷魚などをとるのに、竹や木を用いて作った仕掛け。
朝 臣	あそん（あそみ）	五位以上の者の姓や名の下につける敬称。
海 人	あま	漁業に従事する人。
漁り火	いざりび（いざりひ）	夜に魚を誘い寄せるために漁船で焚くかがり火。
一 期	いちご	一生。生涯。
烏帽子	えぼし	元服した男子が人前に出る時のかぶり物の一種。
大 殿	おとど	①貴人や大臣・公卿の敬称。②貴人の邸宅の敬称。「大臣」とも。
方違へ	かたたがへ（かたたがひ）	陰陽道で決められた災いのある方角を避け、一度方角を変えてから目的地に行くこと。
徒 歩	かち	歩いて行くこと。
加 持	かぢ	密教で、災難を除き、願い事の成就や病魔の退散のために行う祈祷。
唐 衣	からぎぬ	平安時代、女性が正装の時に着た服。
狩 衣	かりぎぬ（かりごろも）	貴族の普段着。外出着として用いられた衣服。
上達部	かんだちめ（かんだちべ）	摂政・関白・大臣・大中納言・参議等、三位以上の者の総称。
几 帳	きちゃう	室内に立てて、隔てとして使った移動式の家具。
牛 車	ぎつしや	牛に引かせた乗用の車。
砧	きぬた	布を打つのに使った木や石の台。布を打つことやその音。

漢字	読み方	意　味
公　事	くじ	朝廷の政務や儀式。
功　徳	くどく	善行を積んで得られる徳。
蔵　人	くらうど	天皇の側近として殿上の職務一切をつかさどる人。
去　年	こぞ	去年。昨年。
東　風	こち	春に東から吹いてくる風。
理	ことわり	筋道。道理。
業	ごふ	善悪の行為。前世の行為によってこの世で受ける報い。
桟　敷	さじき	物見の席として一段高く設けた観客席。
三　位	さんみ（さんゐ）	宮中での官位の序列で三番目にあたる位。正三位と従三位。
紙　燭	しそく	室内用の照明具。
上　人	しやうにん	僧の敬称。「聖人」とも。
透　垣	すいがい（すいがき）	板または竹で、少し間を透かして作った垣根。
随　身	ずいじん	刀や弓矢を持ち警護として貴人につき従った人。
宿　世	すくせ	過去の世。前世からの因縁。
生　絹	すずし	練っていない生のままの絹糸。それで織った織物。
炭　櫃	すびつ	いろり。炉。
受　領	ずりやう	諸国の長官。国守。
節　会	せちゑ	朝廷で、節日や公事のある日の宴会の称。
前　栽	せんざい（せざい）	庭の花木や草花の植え込み。植えた草木。

漢字	読み方	意　味
先　達	せんだつ（せんだち）	その道に達した人。先輩。案内人。指導者。
僧　都	そうづ	僧正に次ぐ僧官。
立て部	たてじとみ	細い木を格子に組み、裏面に板を張ったついたて。
稚　児	ちご	乳児。幼児。子ども。寺などで召し使われた少年。「児」とも。
除　目	ぢもく	大臣以外の諸官職を任命する式。
築　地	ついぢ	土塀。土塀の上に屋根をふいた垣根。
局	つぼね	上級の女房・女官が用いる独立している個人の部屋。
殿上人	てんじやうびと	昇殿を許された人。四位・五位の一部の人、及び六位の蔵人。
東　宮	とうぐう	皇太子の宮殿。皇太子。「春宮」とも。
読　経	どきやう	経文を音読すること。
舎　人	とねり	天皇・皇族などに仕えて、雑事などを務める人。
主殿司	とのもづかさ（とのもりづかさ）	皇后の住む宮殿の調度、清掃、湯浴みなどをつかさどる役所。
宿　直	とのゐ	夜間、宮中などに宿泊して、警護・事務をすること。
内　侍	ないし	天皇の近くに仕える女官。
長　押	なげし	柱と柱を水平につなぐ木材。
直　衣	なほし	高貴な人々が常用する平服。
女　御	にようご（によご）	天皇の寝所に侍した高い位の女官。中宮より下、更衣より上の位の女官。
野　分	のわき（のわけ）	秋に吹く激しい風。台風。

漢字	読み方	意　味
半部	はじとみ	戸の一種。下半分は格子で、上半分を外側に釣り上げるもの。
聖	ひじり	徳の高い人。聖人。
直垂	ひたたれ	公家や武士の平服。
単衣	ひとへ（ひとへぎぬ）	装束の一番下に着る裏地のない着物。
終日	ひねもす	一日中。朝から晩まで。
政	まつりごと	政治。行政。
御簾	みす	貴人のいる部屋のすだれ。
名聞	みやうもん	世間での評判。名声。
御息所	みやすんどころ（みやすどころ）	天皇の御寝所に仕える女性で、女御や更衣をいう。
行幸	みゆき	天皇の外出。「御幸」は上皇・法皇・女院に対しても使われる。
澪標	みをつくし	往来する船に水路の目印として立てた杭。
乳母	めのと	母親に代わり、乳を飲ませて養育する女性。うば。
物忌み	ものいみ	陰陽道で凶日を避け、身を清めて家にこもること。
物の怪	もののけ	人に取りついてたたりをする死霊・生霊などの類い。
遣り水	やりみづ	寝殿造りの邸宅などで、庭に水を導き入れて作った小さい流れ。
院	ゐん	①貴人の邸宅。②上皇・法皇・女院の敬称。
折敷	をしき	檜や杉のへぎ板で作った食器をのせる四角い盆。

さくいん

110

装丁デザイン　ブックデザイン研究所
本文デザイン　京田クリエーション
　　　図　版　デザインスタジオエキス.
　イラスト　さいわい徹

本書に関する最新情報は, 小社ホームページにある**本書の**「**サポート情報**」を
ご覧ください。(開設していない場合もございます。)
なお, この本の内容についての責任は小社にあり, 内容に関するご質問は直接
小社におよせください。

中学 まとめ上手 古文単語

編著者　中学教育研究会	発行所　**受 験 研 究 社**
発行者　岡　本　泰　治	©株式会社 **増進堂・受験研究社**

　　　　　　　　　　　　　　　　〒550-0013　大阪市西区新町2—19—15
注文・不良品などについて：(06)6532-1581(代表)／本の内容について：(06)6532-1586(編集)